DICCIONARIO DE INTELIGENCIA ARTIFICIAL

PARTE I: ESPAÑOL-INGLÉS

Listado en español y su traducción al inglés de más de 2.000 términos relacionados con la Inteligencia Artificial (IA). Dado que la IA es una tecnología relativamente reciente y en constante evolución, mucha de la terminología que la rodea es también de nueva creación.

Por su propia naturaleza, la IA se basa en conceptos científicos que van desde las matemáticas, la biología o la física hasta englobar terminología informática. Por ello, este diccionario incluye vocabulario básico acerca de estas disciplinas para dar soporte y contexto a las expresiones más específicas de la IA.

Entre la multitud de campos de aplicación de esta tecnología se encuentra la traducción automática, por lo que este diccionario también recoge léxico general basado en la lingüística.

Además, esta obra contiene los principales acrónimos que se suelen utilizar en el ámbito de la inteligencia artificial.

Este diccionario pretende ser de ayuda para estudiantes, traductores o personas que deseen adentrarse en el fascinante mundo de la IA y también aspira a ser de utilidad para profesionales de sectores que trabajan en esta tecnología.

A

AAAI (Asociación para el avance de la inteligencia artificial): AAAI (Association for the Advancement of Artificial Intelligence)

Abducción: Abduction

Ablación: Ablation

Abstracción: Abstraction

Abstracción de conocimiento: Knowledge abstraction

Abstracto/a: Abstract

Acceso: Access

Acceso a datos: Data access

Acceso a la nube: Cloud access

Acceso a objetos: Object access

Acceso aleatorio: Random access

Acceso autorizado: Authorized access

Acceso de solo escritura: Write-only access

Acceso de solo lectura: Read-only access

Acceso local: Local access

Acceso rápido: Quick access (shortcut)

Acceso remoto: Remote access

Acceso secuencial: Sequential access

Acceso sin restricciones: Unrestricted access

Acción: Action

Acción racional: Rational action

Acelerador: Accelerator

Acelerador de IA: AI accelerator

ACL (lista de control de acceso): ACL (Access Control List)

ACP (Análisis de Componentes Principales): PCA (Principal Component Analysis)

Activado/a por voz: Voice-operated

Actualización: Update (updating)

Adaptable: Adaptable

Adaptador: Adapter

Adaptativo/a: Adaptive

Adquisición de conocimiento: Knowledge acquisition

AG (Algoritmo Genético): GA (Genetic Algorithm)

Agente: Agent

Agente autónomo: Autonomous agent

Agente conversacional: Conversational agent

Agente de aprendizaje: Learning agent

Agente de histéresis: Hysteretic agent

Agente de IA: AI agent

Agente de software: Software agent

Agente inteligente: Intelligent agent

AGI (inteligencia artificial general): AGI (Artificial General Intelligence)

Agregación de bootstrap (agregación de arranque, embolsado): Bootstrap aggregating (bootstrapping, bagging)

Agrupamiento: Clustering

Agrupamiento conceptual: Conceptual clustering

Agrupamiento espacial basado en densidad de aplicaciones con ruido (DBSCAN): Density-based spatial clustering of applications with noise (DBSCAN)

AIML (lenguaje de marcado de inteligencia artificial): AIML (Artificial Intelligence Markup Language)

AIS (sistemas inmunitarios artificiales): AIS (Artificial Immune Systems)

Ajedrez: Chess

Ajedrez cibernético (ajedrez por ordenador): Computer chess

Ajuste: Tuning

Ajuste de instrucciones: Instruction-tuning

Ajuste fino: Fine tuning

Ajuste fino eficiente de parámetros (PEFT): Parameter-efficient fine-tuning (PEFT)

Aleatorio/a: Random

Aleatorización: Randomization

Aleatorizado/a: Randomized

Aleatorizar: To randomize

Alelos: Alleles

Algorítmico/a: Algorithmic

Algoritmo: Algorithm

Algoritmo adaptativo: Adaptive algorithm

Algoritmo cuántico: Quantum algorithm

Algoritmo de agregación de datos: Data aggregation algorithm

Algoritmo de agrupamiento de datos: Data clustering algorithm

Algoritmo de aprendizaje: Learning algorithm

Algoritmo de aprendizaje no supervisado: Unsupervised learning algorithm

Algoritmo de aprendizaje supervisado: Supervised learning algorithm

Algoritmo de árboles de unión: Junction tree algorithm

Algoritmo de búsqueda: Search algorithm

Algoritmo de caja negra: Black box algorithm

Algoritmo de cifrado (algoritmo criptográfico): Encryption algorithm (cryptographic algorithm)

Algoritmo de clave asimétrica: Asymmetric key algorithm

Algoritmo de clave privada: Private key algorithm

Algoritmo de clave pública: Public key algorithm

Algoritmo de clave secreta: Secret key algorithm

Algoritmo de clave simple: Single-key algorithm

Algoritmo de compactación: Compacting algorithm

Algoritmo de complejidad lineal: Linear complexity algorithm

Algoritmo de decisión: Decision algorithm

Algoritmo de descenso de gradiente: Gradient descent algorithm

Algoritmo de Dijkstra (algoritmo de caminos mínimos): Dijkstra's algorithm

Algoritmo de fuerza bruta: Brute-force algorithm

Algoritmo de Occam: Occam's algorithm

Algoritmo de predicción: Predicting algorithm

Algoritmo de ruptura: Cracking algorithm

Algoritmo evolutivo: Evolutionary algorithm (EA)

Algoritmo fuerte: Strong algorithm

Algoritmo genético (AG): Genetic algorithm (GA)

Algoritmo no determinista: Non-deterministic algorithm

Algoritmo no restringido: Unrestricted algorithm

Algoritmo RETE (algoritmo de correspondencia RETE): RETE algorithm

Algoritmo simétrico: Symmetric algorithm

Algoritmo voraz: Greedy algorithm

Alineación: Alignment

Alineación temporal: Time alignment

Almacén: Warehouse (vault, store)

Almacén de datos (repositorio de datos): Data warehouse (DW, DWH)

Almacenamiento: Storage

Almacenar: To store

ALP (programación lógica abductiva): ALP (Abductive Logic Programming)

Alucinación: Hallucination

Ambigüedad: Ambiguity

Ambigüedad del lenguaje natural: Natural language ambiguity

Amplificación de la inteligencia: Intelligence amplification

Análisis: Analysis

Análisis combinatorio: Combinatorial analysis

Análisis comparativo (benchmarking): Benchmarking

Análisis de componentes: Component analysis

Análisis de componentes principales (ACP): Principal component analysis (PCA)

Análisis de contorno: Edge analysis

Análisis de datos: Data analysis

Análisis de datos estadísticos: Analysis of statistical data

Análisis de datos prospectivo: Prospective data analysis

Análisis de enlaces: Link analysis

Análisis de grupos: Cluster analysis

Análisis de imágenes: Image analysis

Análisis de regresión: Regression analysis

Análisis de sentimientos: Sentiment analysis

Análisis de textos: Text analysis

Análisis factorial: Factorial analysis

Análisis predictivo (analítica predictiva): Predictive analytics

Análisis prescriptivo (analítica prescriptiva): Prescriptive analytics

Análisis semántico: Semantic analysis

Análisis semántico-estocástico: Stochastic semantic analysis

Análisis sintáctico: Syntactic analysis (parsing)

Analítica: Analytics

Analítica predictiva: Predictive analytics

Analizador: Analyzer (analyser)

Analizador sintáctico: Parser

Analizar: To analyze (to analise, to parse)

Analizar datos: To analyze data

Analogía: Analogy

Análisis de opiniones (minería de opiniones): Opinion mining

Ancla: Anchor

Anclaje: Anchoring

Anclaje de IA: AI anchoring

ANFIS (sistema de inferencia borrosa basada en red adaptativa): ANFIS (Adaptive Network-based Fuzzy Inference System (ANFIS)

ANN (red neuronal artificial): ANN (Artificial Neural Network)

Anotación: Annotation

Anotación de datos: Data annotation

Antecesor: Ancestor

API (interfaz de programación de aplicaciones): API (Application Programming Interface)

Apilamiento: Stacking

Aplicación: Application (app)

Aplicación de usuario: User application

Aprender: To learn

Aprendizaje: Learning

Aprendizaje adaptativo: Adaptive learning

Aprendizaje asociativo: Associative learning

Aprendizaje automático: Automatic learning (machine learning)

Aprendizaje automático automatizado (AutoML): Automated machine learning (AutoML)

Aprendizaje automático cuántico (QML): Quantum machine learning (QML)

Aprendizaje automático en línea: Online machine learning

Aprendizaje basado en árboles de decisión: Decision tree learning

Aprendizaje basado en atributos: Attribute-based learning

Aprendizaje colectivo: Collective learning

Aprendizaje continuo: Continuous learning

Aprendizaje de características (aprendizaje de representación): Feature learning (representation learning)

Aprendizaje de conceptos: Concept learning

Aprendizaje de disparo cero (aprendizaje de entrenamiento cero): Zero-shot learning (ZSL)

Aprendizaje de modelo de acción: Action model learning

Aprendizaje de pocos disparos: Few-shot learning

Aprendizaje de primer orden: First-order learning

Aprendizaje federado (aprendizaje colaborativo): Federated learning (collaborative learning)

Aprendizaje fuera de línea: Offline learning

Aprendizaje impulsado por errores: Error-driven learning

Aprendizaje incremental: Incremental learning

Aprendizaje memorístico: Rote learning

Aprendizaje no supervisado: Unsupervised learning

Aprendizaje ontológico: Ontology learning

Aprendizaje por diccionarios dispersos (codificación dispersa, SDL): Sparse dictionary learning (sparse coding, SDL)

Aprendizaje por diferencias temporales (DT): Temporal difference (TD) learning

Aprendizaje por refuerzo (RL): Reinforcement learning (RL)

Aprendizaje por refuerzo a partir de la retroalimentación humana (RLHF): Reinforcement learning from human feedback (RLHF)

Aprendizaje por retropropagación: Backpropagation learning

Aprendizaje por similitud: Similarity learning

Aprendizaje por similitud de clasificación: Classification similarity learning

Aprendizaje por similitud de regresión: Regression similarity learning

Aprendizaje por transferencia: Transfer learning

Aprendizaje potenciado: Enhanced learning

Aprendizaje profundo: Deep learning

Aprendizaje profundo distribuido (DDL): Distributed deep learning (DDL)

Aprendizaje relacional estadístico: Statistical relational learning

Aprendizaje semisupervisado: Semi-supervised learning

Aprendizaje supervisado: Supervised learning

Aprendizaje vago: Lazy learning

Aproximación: Approximation

Aproximación inferior: Lower approximation

Aproximación superior: Upper approximation

Aptitud: Skill

Árbol: Tree

Árbol ajustado: Adjusted tree

Árbol binario: Binary tree

Árbol de carpetas: Folder tree

Árbol de comportamiento: Behavior tree

Árbol de contextos: Context tree

Árbol de decisión: Decision tree

Árbol de grupo: Cluster tree

Árbol de objetos: Object tree

Árbol de probabilidades: Probability tree

Árbol de sucesos: Event tree

Árbol de unión: Junction tree

Árbol sintáctico: Syntax tree

Archivo (archivador, registro): Archive

Archivo (fichero): File

Archivo adjunto (datos adjuntos): Attachment

Archivo adjunto en la nube: Cloud attachment

Archivo aleatorio: Random file

Archivo binario: Binary file

Archivo comprimido: Zipped file

Archivo CSV: CSV file

Archivo de arranque: Boot file

Archivo de bloqueo: Lock file

Archivo de configuración: Configuration file

Archivo de destino: Target file

Archivo de disco: Disk file

Archivo de entrada: Input file

Archivo de espejo (archivo espejo): Mirror file

Archivo de firma (archivo de signatura): Signature file

Archivo de firma digital: Digital signature file

Archivo de firmas de virus: Virus signature file

Archivo de formulario: Form file

Archivo de imagen: Image file

Archivo de índices: Index file

Archivo de intercambio: Swap file

Archivo de mensaje: Message archive

Archivo de metadatos: Metadata file

Archivo de muestra: Sample file

Archivo de origen: Source file

Archivo de prueba: Test file

Archivo de registro: Log file

Archivo de rescate: Rescue file

Archivo de salida: Output file

Archivo de script: Script file

Archivo de seguimiento: Trace file

Archivo de texto: Text file

Archivo del registro: Registry file

Archivo descargado: Downloaded file

Archivo ejecutable (archivo .exe): Executable file (.exe file)

Archivo fantasma: Ghost file

Archivo infectado: Infected file

Archivo padre: Parent file

Archivo raíz: Root file

Archivo reflejado: Mirrored file

Archivo secuencial: Sequential file

Archivo temporal: Temporary file

Arco: Arc

Argumento: Argument

Argumento de salida: Output argument

Arquitecto: Architect

Arquitecto de TI (arquitecto informático): IT architect

Arquitectura: Architecture

Arquitectura cognitive: Cognitive architecture

Arquitectura de agentes: Agent architecture

Arquitectura de red neuronal: Neural network architecture

Arquitectura de un modelo: Model architecture

Arquitectura informática: IT architecture

Artificial Intelligence Markup Language (AIML): Artificial Intelligence Markup Language (AIML)

Ascendente: Bottom-up

Aserción: Assertion

ASI (superinteligencia artificial): ASI (Artificial Super Intelligence)

Asignación: Assignment

Asignación óptima: Optimal assignment

Asistente: Assistant (wizard, helper)

Asistente de IA: AI assistant

Asistente de voz: Voice assistant

Asistente experto: Expert helper

Asistente virtual: Virtual assistant

Asistente virtual personal: Personal virtual assistant

Asociación para el avance de la inteligencia artificial (AAAI): Association for the advancement of artificial intelligence (AAAI)

ASP (programación de conjuntos de respuestas): ASP (Answer Set Programming)

ASR (reconocimiento automático del habla): ASR (Automatic Speech Recognition)

Ataque: Attack

Ataque por ejemplos contradictorios: Adversarial examples attack

Átomo: Atom

Atributo: Attribute

Atributo de decisión: Decision attribute

Atributo virtual: Virtual attribute

Aumento de contraste: Contrast enhancement

Aumento de datos: Data augmentation

Autenticación: Authentication

Autenticar: To authenticate

Autoaprendizaje: Self-learning

Autocodificador: Autoencoder

Autoestabilización: Self-stabilization

Autogestión: Self-management

Autoinstrucción: Autoprompt

Autómata: Automaton (robot)

Autómata de estados finitos: Finite-state automaton

Autómata programable: Programmable automaton

Automático/a: Automatic

Automatización: Automation

AutoML (aprendizaje automático automatizado): AutoML (Automated Machine Learning)

Autoridad: Authority

Autorización: Authorization (authorisation)

Autorizado/a: Authorized (authorised)

Autorizar: To authorize (to authorise)

AWS Machine Learning (software de IA): AWS Machine Learning (AI software)

Axioma: Axiom

Axón: Axon

B

BaaS (cadena de bloques como servicio): BaaS (Blockchain as a Service)

Bajada (descarga): Download

Bajar (descargar): To download

Barandillas: Guardrails

Base de conocimientos: Knowledge base (K base)

Base de conocimientos determinista: If-then knowledge base

Base de datos: Database

Base de datos borrosa: Fuzzy database

Base de datos consultable: Searchable database

Base de datos de grafos (base de datos orientada a grafos, BDOG): Graph database (GDB)

Base de datos de IA: AI database

Base de datos deductiva: Deductive database

Base de datos estructurada: Structured database

Base de datos lógica: Logic database

Base de datos multidimensional: Multidimensional database

Base de hechos: Factual base

Base de modelos: Model base

Base de reglas: Rule base

BDOG (base de datos orientada a grafos): GDB (Graph Database)

Benchmarking (análisis comparativo): Benchmarking

Biblioteca: Library

Biblioteca de software de código abierto: Open-source software library

Bibliotecario/a: Librarian

Big data (macrodatos, datos masivos): Big data

Bilingüe: Bilingual

Binario/a: Binary

Biocibernética: Biocybernetics

Bit (dígito binario): Bit (binary digit)

Bit de parada: Stop bit

Bit marcador: Marker bit

Bloque: Block

Bloquear: To lock

Bloqueo: Lock (locking, lockdown)

Bloqueo biométrico: Biometric lock

Bloqueo de integridad: Integrity locking

Boceto: Sketch (outline)

Boosting (meta-algoritmo de aprendizaje automático): Boosting (machine learning meta-algorithm)

Bootstrap (bootstrapping): Bootstrap (bootstrapping)

Borroso/a (difuso/a): Fuzzy

Bosque: Forest

Bosque aleatorio: Random forest

Bóveda: Vault

BoW (modelo "bolsa de palabras"): BoW (Bag-of-Words model)

BPTS (retropropagación a través de la estructura): BPTS (Backpropagation Through Structure)

BPTT (retropropagación en el tiempo): BPTT (Backpropagation Through Time)

Burbuja de filtros: Filter bubble

Buscar: To search

Búsqueda: Search

Búsqueda ciega : Blind search

Búsqueda con IA: AI search

Búsqueda de ruta: Pathfinding (pathing)

Búsqueda en árbol: Tree search

Búsqueda en árboles Monte Carlo (MCTS): Monte Carlo tree search (MCTS)

Búsqueda en paralelo: Parallel search

Búsqueda por fuerza bruta (búsqueda exhaustiva): Brute-force search (exhaustive search)

C

Cadena: Chain

Cadena (serie): String

Cadena de bloques: Blockchain

Cadena de bloques como servicio (BaaS): Blockchain as a service (BaaS)

Cadena de bloques privada: Private blockchain

Cadena de bloques pública: Public blockchain

Cadena de caracteres (serie de caracteres): Character string

Cadena de Márkov (modelo de Márkov): Markov chain (Markov process)

Cadena de palabras: Word string

Cadena de pensamiento: Chain of thought

Caja negra: Black box

Cálculo: Calculation (calculus)

Cálculo de atribuciones: Attributional calculus

Cálculo de incidencias: Incidence calculus

Cálculo de predicados: Predicate calculus

Cálculo de probabilidades: Probability calculus

Cálculo de proposiones: Propositional calculus

Cálculo de situaciones: Situation calculus

Cálculo diferencial: Differential calculus

Cálculo infinitesimal: Infinitesimal calculus

Cálculo informático: Computer calculation

Cálculo integral: Integral calculus

Cálculo matricial: Matrix calculation

Camino (ruta): Path

Camino ausente: Missing path

Camino recursivo: Recursive path

Campo: Field

Campo aleatorio: Random field

Campo aleatorio de Márkov: Markov random field

Candidato probable: Probable candidate

Candidato/a: Candidate

Caos: Chaos

Caótico/a: Chaotic

Capa: Layer

Capa de entrada: Input layer

Capa de neuronas: Neuron layer

Capa F1: F1 layer

Capa F2: F2 layer

Capa oculta: Hidden layer

CapsNet (red neuronal de cápsula): CapsNet (Capsule neural network)

Característica (rasgo, atributo): Feature

Característica distintiva: Distinctive feature

Cardinal: Cardinal

Cardinalidad: Cardinality

Carga: Load

Carga (subida): Upload

Carga de trabajo: Workload

Cargar (subir): To upload

Carpeta: Folder

Carpeta de carga: Upload folder

Carpeta de descarga: Download folder

Carpeta de inicio: Startup folder

Carpeta temporal: Temporary folder

Caso: Case

Caso de uso: Use case

Categoría: Category

CCM (modelo condicional restringido): CCM (Constrained Conditional Model)

Centro de computación (centro informático): Computer center

Cerebro: Brain

Cerebro humano: Human brain

Chat (charla, chateo): Chat

Chatbot (asistente de voz, asistente virtual): Chatbot (talkbot, voice assistant)

Chatear: To chat

ChatGPT (interfaz de chat): ChatGPT (chat interface)

Cibernética: Cybernetics

Cibernética computacional: Computational cybernetics

Ciencia: Science

Ciencia cognitiva: Cognitive science

Ciencia cognitiva conceptual: Conceptual cognitive science

Ciencia cognitiva corporizada: Embodied cognitive science

Ciencia computacional (ciencia informática): Computer science

Ciencia computacional teórica (ciencia informática teórica, TCS): Theoretical computer science (TCS)

Ciencia de computación: Computer science

Ciencia de datos: Data science

Científico de datos: Data scientist

Cierre: Closure

Cifrado: Encryption

Cifrado de datos: Data encryption

Cifrado homomórfico: Homomorphic encryption

Cifrado/a: Encrypted

Cifrar: To encrypt

Cinemática: Kinematics

Circuito booleano: Boolean circuit

Clase: Class

Clase de equivalencia: Equivalence class

Clasificación: Classification

Clasificación de imágenes: Image classification

Clasificación estadística: Statistical classification

Clasificador: Classifier

Clasificador bayesiano ingenuo: Naive Bayes classifier

Clasificador deductivo: Deductive classifier

Cláusula: Clause

Clave: Key

Clave secreta: Secret key

CLIP (preentrenamiento de imágenes de lenguaje contrastivo): CLIP (Contrastive Language–Image Pretraining)

CNN (red neuronal convolucional): CNN (Convolutional Neural Network)

Coche autónomo (coche sin conductor): Autonomous car (driverless car, self-driving car, robotic car)

Cociclo: Cocycle

Codificación: Coding (encoding)

Codificación de palabras: Word coding

Codificación predictiva: Predictive coding

Codificar: To code (to encode)

Código: Code

Código abierto: Open source

Código binario: Binary code

Código de acceso: Access code

Código de activación: Activation code

Código de autenticación de mensajes: Message authentication code

Código de barras: Barcode

Código de bloque: Block code

Código de conducta: Code of conduct

Código de corrección de errores: Error correcting code

Código de detección de errores: Error detecting code

Código de error: Failure code

Código de estado: Status code

Código de identificación: Identification code

Código de identificación de software: Software identification code

Código de identificación de usuario: User identification code

Código de identificación de zona horaria: Time zone identification code

Código de infracción: Violation code

Código de país: Country code

Código de resultado: Result code

Código de seguimiento: Tracking code

Código de terceros: Third-party code

Código de usuario: User code

Código fuente: Source code

Código hash: Hash code

Código legítimo: Legitimate code

Código malicioso: Malicious code

Código móvil: Mobile code

Código objeto: Object code

Código oculto: Hidden code

Código polimórfico: Polymorphic code

Código proxy: Proxy code

Código QR: QR code

Código que no es de usuario: Non-user code

Código redundante: Redundant code

Coeficiente: Coefficient

Coeficiente binomial: Binomial coefficient

Coeficiente de correlación: Correlation coefficient

Coeficiente de proporcionalidad: Coefficient of proportionality

Coeficiente de variación: Coefficient of variation (CV)

Coeficiente multinomial: Multinomial coefficient

Coeficiente racional: Rational coefficient

Cofactor: Cofactor

Cofunción: Cofunction

Cola: Queue (tail)

Combinación de fuentes de conocimientos: Knowledge source combination

Combinatoria: Combinatorics (combinatorial analysis)

Combinatorio/a: Combinatorial

Comparador: Comparator

Comparador de conjuntos: Set comparator

Comparador de identidad: Identity comparator

Comparar: To compare

Compilación: Compilation

Compilación de conocimientos: Knowledge compilation

Compilador: Compiler

Compilador JIT (compilador Just-In-Time): JIT compiler

Compilar: To compile

Complejidad: Complexity

Complejidad algorítmica: Algorithmic complexity

Complejidad computacional asintótica: Asymptotic computational complexity

Complejidad lineal: Linear complexity

Complejidad temporal: Time complexity

Complejo/a: Complex

Comportamiento: Behavior (behaviour)

Comportamiento emergente: Emergent behavior

Comportamiento poco ético: Unethical behavior

Composición: Composition

Comprender: To understand

Comprensible: Understandable

Comprensión: Understanding (comprehension)

Comprensión auditive: Listening comprehension

Comprensión contextual: Contextual understanding

Comprensión de imágenes: Image understanding

Comprensión del lenguaje natural (NLU): Natural language understanding (NLU)

Compresión del habla: Speech understanding

Comprensión lectora: Reading comprehension

Computación: Computing

Computación afectiva: Affective computing

Computación autónoma (AC): Autonomic computing (AC)

Computación cognitiva: Cognitive computing

Computación cuántica (informática cuántica): Quantum computing

Computación de inspiración biológica: Bio-inspired computation

Computación en la nube: Cloud computing

Computación estadística (estadística computacional): Statistical computing (computational statistics)

Computación evolutiva: Evolutionary computation

Computación multipartita segura: Secure multiparty computation

Computador/a (ordenador, equipo, PC): Computer

Computadora biológica: Biological computer

Computar (calcular): To compute

Concepto: Concept

Conceptualización: Conceptualization

Conexionismo: Connectionism

Confianza: Trust

Conjunto: Set

Conjunto de datos: Dataset (data set)

Conjunto de datos de entrenamiento: Training dataset

Conjunto de datos de prueba: Testing data set

Conjunto de entrenamiento: Training set

Conjunto de prueba: Test set

Conjunto de reglas: Rule set

Conjunto de validación: Validation set

Conjunto difuso (conjunto borroso): Fuzzy set

Conjunto ordenado: Ordered set

Conjunto parcialmente ordenado: Partially ordered set

Conlang (lengua construida, idioma artificial): Conlang (constructed language)

Conmutativo/a: Commutative

Conocimiento: Knowledge

Conocimiento estratégico: Strategic knowledge

Conocimiento heurístico: Heuristic knowledge

Conocimiento profundo: Deep knowledge

Conocimientos de sentido común: Commonsense knowledge

Conorma: Conorm

Consulta: Query

Consulta de pertenencia: Membership query

Consulta semántica: Semantic query

Consultable (investigable): Searchable

Contenido: Content

Contenido poco ético: Unethical content

Contexto: Context

Contingencia: Contingency

Contrapropagación: Counterpropagation

Contraste de hipótesis: Hypothesis contrast (hypothesis testing)

Control inteligente: Intelligent control

Control mediante red neuronal: Neural network control

Control punto a punto: Point-to-point control

Controlabilidad : Controllability

Corrección ortográfica: Spell check (spell checking)

Corrector ortográfico: Spellchecker

Correlación: Correlation

Correlacionar: To correlate

Corte: Cut

Coste de grandes modelos de lenguaje: Cost of large language models

Covarianza: Covariance

CPU (unidad central de procesamiento): CPU (Central Processing Unit)

Creación de perfiles: Profiling

Creador de contenido: Content creator

Creador de contenido de IA: AI content creator

Create ML (software de IA de Apple): Create ML (Apple AI software)

Creatividad computacional (creatividad mecánica, informática creativa): Computational creativity (mechanical creativity, creative computing)

Creatividad humana: Human creativity

Crecimiento tecnológico: Technological growth

Creencia: Belief

Criterio/s: Criterion (criteria)

CRL (lista de revocación de certificados): CRL (Certificate Revocation List)

Cuantificador: Quantifier

Cuantificador existencial: Existential quantifier

Cuantificador universal: Universal quantifier

Cuasialeatorio: Quasi-random

D

Datalog (registro de datos): Datalog

Datos: Data

Datos abiertos: Open data

Datos adjuntos (archivo adjunto): Attachment

Datos ausentes (datos que faltan): Missing data

Datos brutos (datos sin procesar): Raw data

Datos complejos: Complex data

Datos de entrada: Input data

Datos de entrenamiento: Training data

Datos de prueba: Testing data

Datos de salida: Output data

Datos de validación: Validation data

Datos enlazados: Linked data

Datos estadísticos: Statistical data

Datos estructurados: Structured data

Datos etiquetados: Labeled data

Datos lingüísticos: Linguistic data

Datos masivos: Massive data (big data)

Datos no estructurados: Unstructured data

Datos no etiquetados: Unlabeled data

Datos no textuales: Non-textual data

Datos personales: Personal data

Datos propietarios: Proprietary data

Datos realistas: Realistic data

Datos secuenciales: Sequential data

Datos textuales: Textual data

DBCS (juego de caracteres de doble byte): DBCS (Double-Byte Character Set)

DBSCAN (agrupamiento espacial basado en densidad de aplicaciones con ruido): DBSCAN (Density-Based Spatial Clustering of Applications with Noise)

DDL (aprendizaje profundo distribuido): DDL (Distributed Deep Learning)

De cero a uno: Zero to one

Débil: Weak

Debilidad: Weakness

Decisión: Decision

Decisiones automatizadas: Automated decisions

Decodificación (descodificación): Decoding

Decodificación de palabras: Word decoding

Decodificar (decodificar): To decode

Deducción: Deduction

Deducción automatizada: Automated deduction

Deducir: To deduce

Deep Blue (supercomputadora de IBM para jugar al ajedrez): Deep-Blue (chess-playing IBM supercomputer)

Deepfake (falsedad profunda, medios sintéticos): Deepfake

Definición: Definition

Definición operativa: Operational definition

Definir: To define

DEL (lógica epistémica dinámica): DEL (Dynamic Epistemic Logic)

Demostración: Demonstration (proof, proving, evidence)

Demostración automática de teoremas: Automated theorem proving

Demostración de teoremas: Theorem proving

Demostración empírica: Empirical demonstration

Demostrar: To demonstrate (to prove, to show)

Dendrita: Dendrite

Dependencia: Dependence (dependency)

Dependencia de la inteligencia artificial: Artificial intelligence dependency

Dependiente: Dependent

Deriva: Drift (concept drift)

Deriva de datos: Data drift

Desambiguación: Disambiguation

Desambiguación léxica: Lexical disambiguation

Desaprender: To unlearn

Desaprendizaje: Unlearning

Desaprendizaje automático: Machine unlearning

Desarrollador/a: Developer

Desarrollar: To develop

Desarrollo: Development

Desarrollo de aplicaciones: Application development

Descarga (bajada): Download

Descargar (bajar): To download

Descendencia: Offspring (descendants)

Descendente: Top-bottom

Descendiente: Descendant

Descenso de gradiente: Gradient descent (GD)

Descenso de gradiente estocástico (SGD): Stochastic gradient descent (SGD)

Descontextualización: Decontextualization

Descontextualización del conocimiento: Knowledge decontextualization

Desinformación: Disinformation

Desmodulación: Demodulation

Desplegar: To deploy

Despliegue: Deployment

Desviación: Deviation

Desviación estándar: Standard deviation (SD)

Detección: Detection

Detección de objetos: Object detection

Detección de virus: Virus detection

Detección facial: Face detection

Detector: Detector

Detector de contenido de IA: AI content detector

Detector de IA: AI detector

Diagnóstico: Diagnosis (diagnostic)

Diagnóstico de experto (diagnóstico de un sistema experto): Expert diagnosis (diagnosis by an expert system)

Diagrama: Diagram (chart)

Diagrama de árbol: Tree diagram

Diagrama de juegos: Game diagram

Dialecto: Dialect

Diccionario: Dictionary

Diccionario de datos: Data dictionary

Difusión: Diffusion

Difusión estable: Stable diffusion

Difuso/a (borroso/a): Fuzzy

Dígito: Digit

Dígito binario: Binary digit

Dilema sesgo-varianza: Bias–variance tradeoff

Dimensión: Dimension

Dimensionalidad: Dimensionality

Diseñar: To design

Diseño: Design

Diseño asistido por ordenador (CAD): Computer-aided design (CAD)

Diseño de mecanismos: Mechanism design

Disminución de gradiente: Gradient descent

Distorsión: Warping

Distorsionar: To warp

Distribución algorítmica: Algorithmic distribution

Distribución binomial: Binomial distribution

Distribución de probabilidad: Probability distribution

Distribución gaussiana: Gaussian distribution

Distribución nula: Null distribution

Distribución uniforme: Uniform distribution

Diversidad lingüística: Linguistic diversity

DL (lógica de descripción): DL (Description Logic)

DM (modelo de difusión): DM (Diffusion Model)

Dominio: Domain

DSS (sistema de soporte a decisiones): DSS (Decision Support System)

E

Eficiencia algorítmica: Algorithmic efficiency

Emparejamiento: Pairing (matching)

Emparejar: To pair (to match)

Empírico/a: Empirical

Empresa: Company (business, enterprise)

Empresa virtual: Virtual company

En línea: Online

Encadenamiento: Chaining

Encadenamiento mixto: Mixed chaining

Encadenamiento de modelos: Model chaining

Encadenamiento delantero (razonamiento delantero): Forward chaining (forward reasoning)

Encadenamiento hacia atrás (método de deducción hacia atrás, razonamiento hacia atrás): Backward chaining (backward reasoning)

Encaje léxico: Word embedding

Energía: Energy

Energía nuclear: Nuclear energy

Enfoque: Approach

Enfoque de entrenamiento: Training approach

Enfoque situado: Situated approach

Enjambre: Swarm

Enlace: Link

Enlazar: To link

Enriquecimiento de datos: Data enrichment

Ensamblado (ensamblaje): Assembly

Ensamblador: Assembler

Enseñar: To teach

Entorno: Environment

Entorno de alto riesgo: High-risk environment

Entorno de desarrollo: Development environment

Entorno de desarrollo integrado (IDE): Integrated development environment (IDE)

Entorno de ejecución: Execution environment (runtime)

Entorno de ejecución de confianza: Trusted execution environment

Entorno digital: Digital environment

Entorno dinámico: Dynamic environment

Entrada: Input

Entrada de imagen: Image input

Entrada de texto: Text input

Entrada de voz: Voice input

Entrar datos (introducir datos): To enter data

Entrenamiento: Training

Entrenamiento de conjunto de datos: Dataset training

Entrenamiento del modelo: Model training

Entrenar: To train

Entropía: Entropy

Enunciado: Utterance (statement)

Envenenamiento: Poisoning

Envenenamiento de datos: Data poisoning

Episodio: Episode

Error: Error

Error absoluto: Absolute error

Error aritmético: Arithmetical error

Error de aproximación: Approximation error

Error de generalización (error fuera de muestra): Generalization error (out-of-sample error)

Error de muestreo: Sampling error

Error de sesgo: Bias error

Error de tipo I: Type I error

Error de tipo II: Type II error

Error estándar: Standard error (SE)

Error estándar residual (RSE): Residual standard error (RSE)

Error ortográfico: Spelling mistake

Error relativo: Relative error

Error sin clasificar: Unclassified error

Escala: Scale

Escalabilidad: Scalability

Escalable: Scalable

Escalado: Scaling

Escalar: Scalar

Escribir: To write

Escritura: Write (writing)

Escritura a mano (letra): Handwriting

Escucha automática: Machine listening

ESN (red de estado de eco): ESN (Echo State Network)

Espacio de despliegue: Deployment space

Espacio de trabajo: Workspace

Espacio latente: Latent space

Especialista digital: Digital specialist

Esquema: Scheme

Estadística: Statistics

Estadística computacional (computación estadística): Computational statistics (statistical computing)

Estadístico/a: Statistical

Estado: State

Estándar: Standard

Estandarización: Standardization

Estimación: Estimation (estimate)

Estimación bayesiana: Bayesian estimation

Estimar: To estimate

Estocástico/a: Stochastic

Estrategia: Strategy

Estrategia de colas: Tail strategy

Estrategia de restricción: Restriction strategy

Estrategia de retroceso: Backtrack strategy (backtracking)

Estructura: Structure

Estructura de árbol (diagrama de árbol, esquema en árbol): Tree structure (tree diagram)

Estructura de datos: Data structure

Estructura profunda: Deep structure

Estudio de aprendizaje automático de Azure (software de IA): Azure Machine Learning Studio (AI software)

Estudios del futuro (futurología): Futures studies (futures research, futurology)

Ética: Ethics

Ética de la IA: AI ethics

Ética de las máquinas (moral de las máquinas, ética computacional): Machine ethics (machine morality, computational ethics)

Ético/a: Ethical

Etiqueta: Label

Etiquetado: Labeling

Etiquetado/a: Labeled

Evaluación: Evaluation (assessment)

Evaluación ambiciosa: Eager evaluation

Evaluación del impacto sobre la protección de datos: Data protection impact assessment

Evaluación voraz: Greedy evaluation

Evaluador: Evaluator

Evaluar: To evaluate (to assess, to rate)

Evento (suceso): Event

Evidencia: Evidence

Evidencia negativa: Negative evidence

Expandir (ampliar): To expand

Expectación: Expectation

Experto/a en la materia: Subject-matter expert (SME)

Explicabilidad: Explainability

Explosión combinatoria: Combinatorial explosion

Expresión: Expression (phrase)

Expresión booleana: Boolean expression

Expresión escalar: Scalar expression

Expresión idiomática (modismo): Idiomatic expression (idiom)

Expresión matemática: Math expression

Expresión regular: Regular expression

Expresividad: Expressivity (expressiveness)

Extensibilidad: Extensibility

Extensión: Extension

Extracción: Extraction

Extracción de características: Feature extraction

Extracción de conocimientos: Knowledge extraction

Extracción de datos: Data extraction (data mining)

Extracción de información: Information extraction

Extraer: To extract

Extraer datos: To extract data

Extraer información: To extract information

eXtreme Gradient Boosting (XGBoost): eXtreme Gradient Boosting (XGBoost)

F

Factor de ramificación: Branching factor

Factor de ramificación medio: Average branching factor

FAI (inteligencia artificial amigable, IA amigable): FAI (Friendly Artificial Intelligence)

Fallo: Failure

Falsedad profunda: Deepfake

Falso/a: False (fake)

Falso negativo: False negative

Falso positivo: False positive

Fase: Phase

Fase de entrenamiento: Training phase

Ficticio/a: Dummy

Filología: Philology

Filológico/a: Philological

Filólogo/a: Philologist

Filtro: Filter

Física: Physics

Física cuántica: Quantum physics

Física nuclear: Nuclear physics

Fluente: Fluent

Flujo: Flow

Flujo de evidencia: Evidence flow

Flujo de trabajo: Workflow

Fonema: Phoneme

Fonética: Phonetics

Formación (entrenamiento): Training

Formación de imágenes: Imaging

Formación en línea: Online training

Formación fuera de línea: Offline training

Formación incremental: Incremental training

Formateo: Formatting

Formato: Format (form)

Formato de intercambio de conocimiento (KIF): Knowledge interchange format (KIF)

Formato estandarizado: Standardized format

Formato legible: Readable format

Fórmula: Formula

Fórmula booleana cuantificada verdadera: True quantified Boolean formula

Fórmula recursiva: Recursive formula

Formulación: Formulation

Formulación matemática: Mathematical formulation

Fractal: Fractal

Fractalidad: Fractality

Fuente de conocimiento: Knowledge source

Fuentes de conocimiento externas: External knowledge sources

Fuera de línea: Offline

Función: Function

Función de activación: Activation function

Función de creencia lógica: Logical belief function

Función de pérdida: Loss function

Función gaussiana: Gaussian function

Función heurística: Heuristic function

Función logística: Logistic function

Función umbral: Threshold function

Fusión de datos: Data fusion

Fusión de sensores: Sensor fusion

Fusión y propagación: Fusion and propagation

Futurología: Futurology

G

GAI (inteligencia artificial generativa): GAI (Generative Artificial Intelligence)

Gamco (software de IA para empresas): Gamco (AI software for business solutions)

GAN (red generativa adversaria): GAN (Generative Adversarial Network)

Gancho: Hook

Generación: Generation

Generación de lenguaje natural (NLG): Natural language generation (NLG)

Generación mejorada por recuperación (RAG): Retrieval augmented generation (RAG)

Generador: Generator

Generador de contenido de IA: AI content generator

Generador de IA: AI generator

Generador de predicciones: Prediction generator

Generador de resúmenes: Abstract generator

Generador de voz: Voice generator

Generalización: Generalization

Generalización de débil a fuerte: Weak-to-strong generalization

Generalizador: Generalizer

Generar: To generate

Generativo/a: Generative

Gestión : Management

Gestor: Manager

Gestor de proyectos de IA: AI Project Manager

Gestor de proyectos de TI: IT Project Manager

GD (descenso de gradiente): GD (Gradient Descent)

Gobernanza: Governance

Gobernanza de la IA: AI governance

GPAIS (sistema de inteligencia artificial de propósito general): GPAIS (General-Purpose Artificial Intelligence System)

GPT (transformador generativo preentrenado): GPT (Generative Pre-trained Transformer)

GPU (unidad de procesamiento gráfico): GPU (Graphics Processing Unit)

Gradiente: Gradient

Gráfico: Chart (graph)

Gráfico de barras: Bar chart

Gráfico de conocimiento: Knowledge graph

Gráfico/a: Graphic

Grafo: Graph

Grafo con nombre: Named graph

Grafo de burbujas: Bubble graph

Grafo de factores: Factor graph

Grafo de juego: Game graph

Grafo relacional: Relational graph

Gramática: Grammar

Gramática cero: Zero grammar

Gramática de atributos: Attribute grammar

Gramática de casos: Case grammar

Gramática de transferencia: Transfer grammar

Gramática semántica: Semantic grammar

Grounding (puesta a tierra): Grounding (earthing)

H

Habla: Speech

Habla continua: Continuous speech

Hecho: Fact

Heredar: To inherit

Herencia (legado): Inheritance

Herramienta: Tool

Herramienta de automatización: Automation tool

Herramienta de construcción de sistemas expertos: Expert-system building tool

Heurística: Heuristic

Heurística admisible: Admissible heuristic

Heurística consistente: Consistent heuristic

Heurístico/a: Heuristic

Hibridación: Hybridization

Hibridación hombre-máquina: Man-machine hybridization

Hijo/a: Child

Hipergrafo: Hypergraph

Hiperheurística: Hyper-heuristic

Hiperparámetro: Hyperparameter

Hiperplano: Hyperplane

Hipótesis: Hypothesis (assumption)

Hipótesis nula: Null hypothesis

Histéresis: Hysteresis

Historial: History

Historial de chats: Chat history

Historial de consultas: Query history

Hoja: Leaf

Hoja de cálculo: Spreadsheet

Hoja de trabajo: Worksheet

Holismo: Holism

Holístico/a: Holistic (wholistic)

Holograma: Hologram

Humanizador de IA: AI humanizer

Humano/a: Human

Humor computacional: Computational humor

I

I+D (Investigación y Desarrollo): R&D (Research and Development)

I+D+I (Investigación, Desarrollo e Innovación): R&D&I (Research and Development and Innovation)

IA (Inteligencia Artificial): AI (Artificial Intelligence)

IA agéntica (IAA): Agentic AI (AAI)

IA amigable: Friendly AI (FAI)

IA artesanal: Artisan AI

IA completa: AI-complete

IA conversacional: Conversational AI

IA de autoaprendizaje: Self-learning AI

IA de frontera: Frontier AI

IA de propósito general: General-purpose AI

IA débil (IA moderada): Weak AI (moderate AI, narrow AI)

IA discriminativa: Discriminative AI

IA estrecha (IA débil): Narrow AI (weak AI)

IA explicable (XAI): Explainable AI (XAI)

IA fuerte: Strong AI (general AI)

IA generativa: Generative AI (Gen AI)

IA para la empresa: Enterprise AI

IA responsable: Responsible AI

IAA (Inteligencia Artificial Agéntica): AAI (Agentic Artificial Intelligence)

IAD (Inteligencia Artificial Distribuida): DAI (Distributed Artificial Intelligence)

IAG (Inteligencia Artificial General): AGI (Artificial General Intelligence)

IBM Watson (plataforma de IA de IBM): IBM Watson (IBM's AI platform)

IC (Inteligencia Computacional): CI (Computational Intelligence)

ICC (Interfaz Cerebro-Computadora): BCI (Brain–Computer Interface)

ICM (Interfaz Cerebro-Máquina): BMI (Brain–Machine Interface)

Icono: Icon

IDE (entorno de desarrollo integrado): IDE (Integrated Development Environment)

Idioma (lengua): Language

Idioma artificial (lengua construida, conlang): Constructed language (conlang)

Imagen: Image

Imagen del proceso: Process image

IMAP (protocolo de acceso a mensajes de Internet): IMAP (Internet Messaging Access Protocol)

Imitar: To mimic (to imitate)

Incertidumbre: Uncertainty

Independencia: Independence

Independiente: Independent

Inducción matemática: Mathematical induction

Inferencia: Inference

Inferencia automática: Auto-inference

Inferir: To infer

Información: Information

Información falsa: False information

Informática: Computer science

Infracción (violación, vulneración): Violation

Ingeniería: Engineering

Ingeniería de características: Feature engineering

Ingeniería de datos: Data engineering

Ingeniería de prompts (ingeniería de instrucciones): Prompt engineering

Ingeniería de software: Software engineering

Ingeniería del conocimiento: Knowledge engineering (KE)

Ingeniería informática: Computer engineering

Ingeniería mecatrónica: Mechatronics engineering

Ingeniería neuromórfica: Neuromorphic engineering

Ingeniero/a: Engineer

Ingeniero de aprendizaje automático: Machine Learning Engineer

Ingeniero de prompts: Prompt engineer

Ingeniero de robótica: Robotics engineer

Instrucción (solicitud): Prompt

Instrucciones recursivas (solicitudes recursivas): Recursive prompting

Integración: Integration

Integración de datos: Data integration

Integración de la información: Information integration

Integridad: Integrity

Inteligencia: Intelligence

Inteligencia artificial (IA): Artificial intelligence (AI)

Inteligencia artificial agéntica (IAA): Agentic artificial intelligence (AAI)

Inteligencia artificial amigable (IA amigable, FAI): Friendly artificial intelligence (friendly AI, FAI)

Inteligencia artificial débil: Weak artificial intelligence

Inteligencia artificial descentralizada: Decentralized artificial intelligence

Inteligencia artificial distribuida (IAD): Distributed artificial intelligence (DAI)

Inteligencia artificial estrecha (IA estrecha): Narrow artificial intelligence (narrow AI)

Inteligencia artificial general (IAG): Artificial general intelligence (AGI)

Inteligencia artificial generativa: Generative artificial intelligence (generative AI, GAI)

Inteligencia artificial lingüística: Linguistic artificial intelligence

Inteligencia artificial neuronal: Neural artificial intelligence

Inteligencia artificial simbólica: Symbolic artificial intelligence

Inteligencia computacional (IC): Computational intelligence (CI)

Inteligencia de enjambre: Swarm intelligence (SI)

Inteligencia de máquina: Machine intelligence

Inteligencia humana: Human intelligence

Inteligencia lingüística en IA: Linguistic intelligence in AI

Inteligencia organoide (IO): Organoid intelligence (OI)

Inteligencia sintética: Synthetic intelligence

Interfaz: Interface

Interfaz cerebro-computadora (ICC): Brain–computer interface (BCI)

Interfaz de programación de aplicaciones (API): Application programming interface (API)

Interfaz de usuario: User interface

Interpretabilidad: Interpretability

Interpretable: Interpretable

Interpretación: Interpretation

Interpretar: To interpret

Intérprete: Interpreter

Investigación: Research

Investigación científica: Scientific research

Investigación en IA: AI research

Investigación y desarrollo (I+D): Research and development (R&D)

Investigación, desarrollo e innovación (I+D+I): Research and development and innovation (R&D&I)

Investigar: To research

IO (Inteligencia Organoide): OI (Organoid Intelligence)

IPL (lenguaje de tratamiento de la información): IPL (Information Processing Language)

Isomorfismo: Isomorphism

Iteración: Iteration

J

Jerarquía: Hierarchy

Jerarquía de herencia: Inheritance hierarchy

Juego: Game

Juego de caracteres: Character set

Juego de caracteres ANSI: ANSI character set

Juego de caracteres ASCII: ASCII character set

Juego de caracteres de byte único (SBCS): Single-byte character set (SBCS)

Juego de caracteres de doble byte (DBCS): Double-byte character set (DBCS)

Juego de caracteres multibyte (MBCS): Multibyte character set (MBCS)

Juego de caracteres Unicode: Unicode character set

Juicio humano (criterio humano): Human judgement

JVM (máquina virtual de Java): JVM (Java Virtual Machine)

K

K vecinos más cercanos (k-NN): K-nearest neighbors (k-NN)

KIF (formato de intercambio de conocimiento): KIF (Knowledge Interchange Format)

K-medias: K-means

L

Latencia: Latency

Latencia de cola: Queue latency

Latencia de red: Network latency

LC (Lingüística Computacional): CL (Computational Linguistics)

Lectura: Reading

Lectura mediante máquina: Machine reading

Leer: To read

Legibilidad: Readabiliy (legibility)

Legible: Readable

Legible por máquina: Machine-readable

Lengua (idioma, lenguaje): Language

Lengua construida (idioma artificial, conlang): Constructed language (conlang)

Lengua materna: Mother tongue

Lenguaje: Language

Lenguaje de conceptos: Concept language

Lenguaje de consulta: Query language

Lenguaje de marcado de inteligencia artificial (AIML): Artificial intelligence markup language (AIML)

Lenguaje de programación: Programming language

Lenguaje de programación funcional: Functional programming language

Lenguaje de red: Network language

Lenguaje de tratamiento de la información (IPL): Information processing language (IPL)

Lenguaje escrito: Written language

Lenguaje formal: Formal language

Lenguaje hablado: Spoken language

Lenguaje humano: Human language

Lenguaje máquina: Machine language

Lenguaje natural: Natural language

Lenguaje orientado a objetos: Object-oriented language

Lenguaje orientado a tareas: Task-oriented language

Letra (de una canción): Lyrics

Letra (del alfabeto): Letter

Letra (escritura a mano): Handwriting

Léxico: Lexicon

Límite: Limit (bound)

Limpieza de datos: Data cleaning

Lineal: Linear

Linealidad: Linearity

Lingüística: Linguistics

Lingüística aplicada: Applied linguistics

Lingüística aplicada a la IA: AI-applied linguistics

Lingüística computacional (LC): Computational linguistics (CL)

LISP (lenguajes de programación: LISP (programming languages)

Lista: List

Lista de coincidencias: Hit list

Lista de comprobación: Checklist

Lista de confianza: Trust list

Lista de control de acceso (ACL): Access control list (ACL)

Lista de decisiones: Decision list

Lista de palabras: Wordlist (word list)

Lista de problemas: Trouble list

Lista de revocación de certificados (CRL): Certificate revocation list (CRL)

Lista de ventanas: Window list

Lista negra (lista de bloqueados): Blacklist

Listado: Listing

Listar (enumerar): To list

Literal: Literal

LLM (modelo de lenguaje grande): LLM (Large Language Model)

Localizador uniforme de recursos (URL): Uniform resource locator (URL)

Lógica: Logic

Lógica booleana: Boolean logic

Lógica clásica: Classical logic

Lógica de descripción (lógica descriptiva, DL): Description logic (DL)

Lógica de primer orden (lógica predicativa, cálculo de predicados): First-order logic (predicate logic, predicate calculus)

Lógica de separación: Separation logic

Lógica difusa (lógica borrosa): Fuzzy logic

Lógica digital: Digital logic

Lógica distribuida: Distributed logic

Lógica epistémica dinámica (DEL): Dynamic epistemic logic (DEL)

Lógica formal: Formal logic

Lógica imprecisa: Vague logic

Lógica matemática: Mathematical logic

Lógica modal: Modal logic

Lógica monotónica: Monotonic logic

Lógica no monotónica: Non-monotonic logic

Lógica por defecto: Default logic

Lógica predicativa: Predicate logic

Lógico/a: Logical

Loro estocástico: Stochastic parrot

Lote: Batch

Low-code (codificación manual mínima): Low-code (minimal hand-coding)

Low-code habilitado para IA: AI-enabled low code

LSTM (memoria a corto y largo plazo): LSTM (Long Short-Term Memory)

LU (unidad lógica): LU (Logical Unit)

Luminancia: Luminance

M

M2M (máquina a máquina): M2M (Machine-to-Machine)

MAC (código de autenticación de mensajes): MAC (Message Authentication Code)

Machine learning (aprendizaje automático): Machine learning (ML)

Macrodatos: Big data

Macropalabra: Macroword

Malla: Mesh

Manipulación: Manipulation

Manipulador: Manipulator

Manipulador programable: Programmable manipulator

Mapa: Map

Mapa de transiciones: Transition map

Máquina: Machine

Máquina a máquina (M2M): Machine-to-Machine (M2M)

Máquina de Boltzmann: Boltzmann machine

Máquina de Boltzmann restringida (RBM): Restricted Boltzmann machine (RBM)

Máquina de estados: State machine

Máquina de lectura: Reading machine

Máquina de Turing: Turing machine

Máquina de Turing neuronal (MTN): Neural Turing machine (NTM)

Máquina de vectores de soporte (SVM): Support vector machine (SVM)

Máquina LISP: LISP machine

Máquina universal de Turing (UTM): Universal Turing machine (UTM)

Máquina-lenguaje: Language-machine

Marco: Frame (framework)

Marco de descripción de recursos (RDF): Resource description framework (RDF)

Marco genérico: Generic frame

Marginalización: Marginalization

Matemáticas: Mathematics

Matemáticas aplicadas: Applied mathematics

Matemáticas computacionales: Computational mathematics

Matemáticas puras: Pure mathematics

Matemático/a: Mathematical (adj.) / Mathematician (sust.)

Matriz: Matrix (array)

Matriz de confusión: Confusion matrix

MBCS (juego de caracteres multibyte): MBCS (Multibyte Character Set)

MCTS (búsqueda en árboles Monte Carlo): MCTS (Monte Carlo Tree Search)

MDP (proceso de decisión de Márkov): MDP (Markov Decision Process)

Mecanismo de atención: Attention mechanism

Mecanismo de recompensa: Reward mechanism

Mecatrónica (ingeniería mecatrónica): Mechatronics (mechatronics engineering)

Medida de rendimiento: Performance measure

Memoria: Memory

Memoria a corto plazo: Short term memory

Memoria a corto y largo plazo (LSTM): Long short-term memory (LSTM)

Memoria a largo plazo: Long term memory (LTM)

Memoria asociativa: Associative memory

Memoria asociativa bidireccional: Bidirectional associative memory

Memoria de aprendizaje asociativo: Associative learning memory

Memoria limitada: Limited memory

Memoria reconstructiva: Reconstructive memory

Memoria semántica: Semantic memory

Meta algoritmo: Meta-algorithm

Metaaprendizaje: Metalearning

Metaclase: Metaclass

Metaconocimiento: Metaknowledge

Metadatos: Metadata

Metaheurística: Metaheuristic

Metamodelo: Metamodel

Método: Method

Método algorítmico: Algorithmic method

Método de clasificación: Classification method

Método de predicción: Prediction method

Método de regresión: Regression method

Método débil: Weak method

Método duro: Hard method

Método heurístico: Heuristic method

Métrica/s: Metrics

Métrico/a: Metric

Mezcla de expertos (MoE): Mixture of experts (MoE)

Minería de datos: Data mining

Minería de opiniones: Opinion mining

Minimax: Minimax (MM)

ML (aprendizaje automático): ML (Machine Learning)

MLLM (modelo de lenguaje grande multimodal): MLLM (Multimodal Large Language Model)

MTN (máquina de Turing neuronal): NTM (Neural Turing Machine)

Modelado: Modeling (modelling)

Modelado matemático: Mathematical modeling

Modelado de datos: Data modeling

Modelado de redes metabólicas: Metabolic network modeling

Modelado de secuencias: Sequence modeling

Modelado predictivo: Predictive modeling

Modelar: To model

Modelo: Model

Modelo "bolsa de palabras": Bag-of-words model (BoW)

Modelo aditivo: Additive model

Modelo base: Base model

Modelo computacional: Computational model

Modelo condicional: Conditional model

Modelo condicional restringido (CCM): Constrained conditional model (CCM)

Modelo de aprendizaje: Learning model

Modelo de aprendizaje automático: Automatic learning model

Modelo de aprendizaje por refuerzo: Reinforcement learning model

Modelo de datos: Data model

Modelo de difusión (modelo probabilístico de difusión): Diffusion model (DM, diffusion probabilistic model)

Modelo de IA: AI model

Modelo de lenguaje: Language model

Modelo de lenguaje grande (LLM): Large language model (LLM)

Modelo de lenguaje grande multimodal (MLLM): Multimodal large language model (MLLM)

Modelo de lenguaje multimodal: Multimodal language model

Modelo débil (modelo base): Weak learner

Modelo determinista: Deterministic model

Modelo discriminativo (modelo condicional): Discriminative model (conditional model)

Modelo estadístico: Statistical model

Modelo fuerte: Strong learner

Modelo fundacional: Foundation model (large X model, LxM)

Modelo generativo: Generative model

Modelo matemático: Mathematical model

Modelo no determinista: Non-deterministic model

Modelo predictivo: Predictive model

Modelo probabilístico: Probabilistic model

Modelo probabilístico de difusión: Diffusion probabilistic model

Modelo sobreajustado: Over-fitted model

Modelo subajustado: Under-fitted model

Modelos de frontera: Frontier models

Modismo (expresión idiomática): Idiom (idiomatic expression)

Modular: Modular

Modularidad: Modularity

Modus ponens (modus ponendo ponens): Modus ponens (modus ponendo ponens)

Modus tollens (modus tollendo tollens): Modus tollens (modus tollendo tollens)

MoE (mezcla de expertos): MoE (Mixture of Experts)

Morfema: Morpheme

Motivación intrínseca: Intrinsic motivation

Motivo de red: Network motif

Motor: Engine

Motor de búsqueda: Search engine

Motor de búsqueda impulsado por IA: AI-powered search engine

Motor de IA: AI engine

Motor de inferencia: Inference engine

Motor de programación: Programming engine

MTN (Máquina de Turing Neuronal): NTM (Neural Turing machine)

Muestra: Sample

Muestreador: Sampler

Muestreo: Sampling

Muestreo aleatorio: Random sampling

Muestreo de incertidumbre: Uncertainty sampling

Muestreo de Thompson: Thompson sampling

Multicapa: Multilayer

Multiclase: Multi-class

Multidifusión: Multicast

Multilingüe: Multilingual

Multimodal: Multimodal

Multi-salto: Multi-hop

Multitarea: Multitask

Multiverso: Multiverse

Mundo real: Real world

Mutación: Mutation

MYCIN (sistema experto de encadenamiento hacia atrás): MYCIN (backward chaining expert system)

N

Navaja de Occam: Occam's razor

Negación: Negation

NER (reconocimiento de entidades con nombre): NER (Named-Entity Recognition)

NeRF (campos de resplandor neuronal): NeRF (Neural Radiance Fields)

Neural (neuronal): Neural

Neuroborroso (neurodifuso): Neuro-fuzzy

Neurocibernética: Neurocybernetics

Neurociencia: Neuroscience

Neurociencia computacional (neurociencia teórica): Computational neuroscience (theoretical neuroscience)

Neurociencia de sistemas: Systems neuroscience

Neuroinformática: Neurocomputing

Neurona: Neuron

Neurona artificial: Artificial neuron

Neuronal: Neural

Neurónica: Neuronics

Nivel de confianza: Trust level

NLG (generación de lenguaje natural): NLG (Natural Language Generation)

NLP (procesamiento del lenguaje natural): NLP (Natural Language Processing)

NLU (comprensión del lenguaje natural): NLU (Natural Language Understanding)

NMT (traducción automática neuronal): NMT (Neural Machine Translation)

No gramatical: Ungrammatical

No tripulado/a: Unmanned

No-code (solución sin código): No-code (no-code solution)

Nodo: Node

Normalización: Normalization

Normalización por lotes: Batch normalization (batch norm)

Nouvelle IA (Nouvelle inteligencia artificial): Nouvelle AI (Nouvelle artificial intelligence)

NP (tiempo polinómico no determinista): NP (nondeterministic polynomial time)

NP-completo: NP-completeness

NP-hard (NP-complejo, NP-difícil): NP-hardness (NP-hard)

Nube: Cloud

Núcleo: Core

Nulo/a: Null

Número: Number

Número decimal: Decimal number

Número primo: Prime number

Números de Fibonacci: Fibonacci numbers

O

Objeto: Object

Objeto de datos: Data object

Observabilidad: Observability

Observabilidad de la IA: AI observability

OMCS (Open Mind Common Sense): OMCS (Open Mind Common Sense)

Ontología: Ontology

OpenAI (organización que desarrolló ChatGPT): OpenAI (organization that developed ChatGPT)

OpenCog (sistema avanzado de software de código abierto): OpenCog (open-source advanced software framework)

Operación: Operation

Operador: Operator

Operador aritmético: Arithmetic operator

Operador booleano: Boolean operator

Operador de decremento: Decrement operator

Operador de incremento: Increment operator

Operador genético: Genetic operator

Operador local: Local operator

Operador unario: Unary operator

Operador unitario: Unitary operator

Operando: Operand

Optimización: Optimization (optimisation)

Optimización combinatoria: Combinatorial optimization

Optimización de hiperparámetros: Hyperparameter optimization

Optimización estocástica: Stochastic optimization (SO)

Optimización matemática: Mathematical optimization

Optimización multi-enjambre: Multi-swarm optimization

Optimización por enjambre de partículas (PSO): Particle swarm optimization (PSO)

Optimización vectorial: Vector optimization

Optimizar: To optimize (to optimise)

Orden ascendente: Ascending order

Orden de apilamiento: Stacking order

Orden descendente: Descending order

Ordenador (computador/a, equipo, PC): Computer

Ordenador cuántico: Quantum computer

Ordenador de bolsillo: Pocket computer

Ordenador host (equipo host): Host computer

Ordenador personal (computadora personal, PC, equipo): Personal computer (PC)

Ordenador zombi: Zombie computer

Origen de datos: Data source

Ortogonal: Orthogonal

Ortogonalidad: Orthogonality

Ortografía: Orthography (spelling)

Ortografía fonética: Phonetic spelling

P

P2P (punto a punto): P2P (Peer-to-Peer)

Padre: Parent

Palabra: Word

Palabras aisladas: Isolated words

Palabras encadenadas: Chained words

Palíndromo: Palindrome

Par: Pair

Paradigma: Paradigm

Paradoja: Paradox

Paradoja exploración-explotación: Exploration–exploitation dilemma

Paráfrasis: Paraphrase

Parámetro: Parameter

Pasos de razonamiento: Reasoning steps

Patrón: Pattern

Patrones del habla: Speech patterns

PEFT (ajuste fino eficiente de parámetros): PEFT (Parameter-Efficient Fine-Tuning)

Penalización: Penalty

Pensamiento: Thought (thinking)

Pensar: To think

Perceptrón: Perceptron

Perceptrón multicapa: Multilayer perceptron (MLP)

Perfil: Profile

Perfil de usuario: User profile

Peso: Weight

Planificación: Planning

Planificación automática: Automated planning (AI planning)

Planificador: Planner

Plantilla: Template

Plantilla facial: Face template

Plataforma de aprendizaje automático en la nube: Cloud Machine Learning Platform

PLN (Procesamiento del Lenguaje Natural): NLP (Natural Language Processing)

PLN multilingüe: Multilingual NLP

Plugin de IA: AI plugin

Poco ético/a (no ético/a, inmoral, deshonesto/a): Unethical

Poda: Pruning

Poder (potencia): Power

Poder de computación: Computing power

Polaridad: Polarity

POMDP (proceso de decisión de Markov observable parcialmente): POMDP (Partially Observable Markov Decision Process)

Ponderación: Weight (weighting)

Ponderación sináptica: Synaptic weight

Ponderar: To weight

Por omisión (por defecto): Default

Posibilista: Possibilistic

Potencia (poder): Power

Potencia computacional: Computational power

Potenciación del gradiente: Gradient boosting

PP (Programación Probabilística): PP (Probabilistic Programming)

PPP (Puntos Por Pulgada): DPI (Dots Per Inch)

Prácticas deshonestas: Unethical practices

Precisión: Precision (accuracy)

Predicado: Predicate

Predicción: Prediction

Predictivo/a: Predictive

Predictor: Predictor

Preentrenamiento: Pre-training

Preentrenamiento de imágenes de lenguaje contrastivo (CLIP): Contrastive language–image pretraining (CLIP)

Pregunta: Question

Pregunta-respuesta: Question-answer

Prejuicio (sesgo): Prejudice

Prerrequisito (requisito previo): Prerequisite

Principio (fundamento): Principle

Principio de conocimiento: Knowledge principle

Principio de racionalidad: Principle of rationality (rationality principle)

Privacidad: Privacy

Privacidad de datos: Data privacy

Privacidad de la información: Information privacy

Probabilidad: Probability (likelihood)

Probabilidad algorítmica: Algorithmic probability (Solomonoff probability)

Probabilidad condicionada: Conditional probability

Probabilidad empírica: Empirical probability

Probabilidad experimental: Experimental probability

Probabilidad teórica: Theoretical probability

Probable: Probable (likely)

Problema: Problem

Problema computacional: Computational problem

Problema de cero a uno: Zero-to-one problem

Problema de cualificación: Qualification problem

Problema de datos dispersos: Sparse data problem

Problema de decisión: Decision problem

Problema de satisfacibilidad booleana (SAT): Boolean satisfiability problem (SAT)

Procesador: Processor

Procesador de lenguaje natural: Natural language processor

Procesador gráfico: Graphics processor

Procesamiento: Processing

Procesamiento de audio: Audio processing

Procesamiento de datos personales: Personal data processing

Procesamiento de voz: Voice processing

Procesamiento del habla: Speech processing

Procesamiento del lenguaje natural (PLN): Natural language processing (NLP)

Procesamiento del lenguaje natural (PLN) multilingüe: Multilingual natural language processing (NLP)

Procesamiento por lotes: Batch processing

Procesar: To process

Procesar datos: To process data

Proceso: Process

Proceso de decisión de Márkov (MDP): Markov decision process (MDP)

Proceso de decisión de Markov observable parcialmente (POMDP): Partially observable Markov decision process (POMDP)

Programa: Program (programme)

Programa almacenado: Stored program

Programa de adquisición de conocimientos: Knowledge acquisition program

Programa de aprendizaje: Learning program

Programación: Programming

Programación basada en reglas: Rule-based programming

Programación con restricciones: Constraint programming

Programación de conjuntos de respuestas (ASP): Answer set programming (ASP)

Programación declarativa: Declarative programming

Programación en lenguaje natural: Natural language programming

Programación evolutiva: Evolutionary programming

Programación funcional: Functional programming

Programación heurística: Heuristic programming

Programación lógica: Logic programming

Programación lógica abductiva: Abductive logic programming (ALP)

Programación lógica con restricciones: Constraint logic programming

Programación orientada a objetos: Object-oriented programming

Programación probabilística (PP): Probabilistic programming (PP)

Programación simbólica: Symbolic programming

Programador/a: Programmer

Prolog (lenguaje de programación lógico): Prolog (logic programming language)

Prompt (entrada, instrucción): Prompt

Prompts recurrentes: Recurrent prompts (repeated prompts)

Propagación: Propagation

Propagación de incertidumbre: Uncertainty propagation

Propagar: To propagate

Propiedad: Property

Propiedad asociativa: Associative property

Propiedad conmutativa: Commutative property

Propiedad distributiva: Distributive property

Propiedad reflexiva: Reflexive property

Proposición: Proposition

Prosodia: Prosody

Protección de datos: Data protection

Prototipo: Prototype

Proxy: Proxy

Proyección: Projection

Proyección ortográfica: Orthographic projection

Prueba: Test (testing)

Prueba de aprendizaje: Learning test

Prueba de Turing (test de Turing): Turing test

Prueba del modelo: Model testing

Pseudonimización (seudonimización): Pseudonymization

Pseudonimización de datos: Data pseudonymization

Psicología: Psychology

Psicología cognitiva: Cognitive psychology

PSO (optimización por enjambre de partículas): PSO (Particle Swarm Optimization)

Puntero: Pointer

Puntero de retorno: Return pointer

Punto: Point (dot, period, stop, spot)

Punto a punto (P2P): Peer-to-Peer (P2P)

Punto com (.com): Dot-com (.com)

Punto con ruido: Noisy point

Punto de acceso: Access point

Punto de acceso de terminal (TAP): Terminal access point (TAP)

Punto de acceso no autorizado (RAP): Rogue access point (RAP)

Punto de características: Feature point

Punto de control: Checkpoint

Punto de entrada: Entry point

Punto de interrupción: Breakpoint

Punto de unicidad: Unicity point

Punto final (extremo): Endpoint

Puntos de datos: Data points

Puntos por pulgada (PPP): Dots per inch (DPI)

Puntuación: Score

Puntuar : To score

Python (lenguaje de programación de alto nivel): Python (high-level programming language)

PyTorch (biblioteca de aprendizaje automático): PyTorch (machine learning library)

Q

Q-learning (algoritmo de aprendizaje por refuerzo): Q-learning (reinforcement learning algorithm)

QML (aprendizaje automático cuántico): QML (Quantum Machine Learning)

Química: Chemistry

Química computacional: Computational chemistry

Química cuántica: Quantum chemistry

R

R (lenguaje de programación): R (programming language)

RA (Realidad Aumentada): AR (Augmented Reality)

Racional: Rational

Racionalidad: Rationality

RAG (generación mejorada por recuperación): RAG (Retrieval Augmented Generation)

RAH (Reconocimiento Automático del Habla): ASR (Automatic Speech Recognition)

RAI (inteligencia artificial responsable): RAI (Responsible Artificial Intelligence)

RAP (punto de acceso no autorizado): RAP (Rogue Access Point)

Razonador: Reasoner (reasoning engine, rules engine)

Razonador semántico: Semantic reasoner

Razonamiento: Reasoning

Razonamiento abductivo: Abductive reasoning

Razonamiento automatizado: Automated reasoning

Razonamiento basado en casos: Case-based reasoning (CBR)

Razonamiento basado en hipótesis: Assumption-based reasoning

Razonamiento causal: Causal reasoning

Razonamiento de la IA: AI reasoning

Razonamiento de sentido común: Commonsense reasoning

Razonamiento espacial-temporal: Spatial–temporal reasoning

Razonamiento hacia adelante: Forward reasoning

Razonamiento hacia atrás: Backward reasoning

Razonamiento incierto: Uncertain reasoning

Razonamiento multi-salto: Multi-hop reasoning

Razonamiento probabilístico: Probabilistic reasoning

Razonamiento simbólico: Symbolic reasoning

RBM (máquina de Boltzmann restringida): RBM (Restricted Boltzmann Machine)

RDF (marco de descripción de recursos): RDF (Resource Description Framework)

Reactividad: Reactivity

Realidad aumentada (RA): Augmented reality (AR)

Realidad virtual: Virtual reality

Reaprendizaje: Relearning

Recombinación: Recombination (crossover)

Recompensa: Reward

Reconocimiento: Recognition

Reconocimiento automático del habla (RAH): Automatic speech recognition (ASR)

Reconocimiento de caracteres: Character recognition

Reconocimiento de entidades con nombre (NER): Named-entity recognition (NER)

Reconocimiento de escritura: Handwriting recognition

Reconocimiento de imágenes: Image recognition

Reconocimiento de imágenes por IA: AI-based image recognition

Reconocimiento de palabras: Word recognition

Reconocimiento de palabras aisladas: Isolated-word recognition

Reconocimiento de palabras conectadas: Connected-word recognition

Reconocimiento de palabras encadenadas: Chained-word recognition

Reconocimiento de patrones: Pattern recognition

Reconocimiento de patrones del habla: Speech-pattern recognition

Reconocimiento de visión: Vision recognition

Reconocimiento de voz: Voice recognition

Reconocimiento del habla: Speech recognition

Reconocimiento facial: Facial recognition

Reconocimiento facial con IA: Facial recognition using AI

Recopilación: Collection

Recopilación de datos: Data collection

Recopilador: Collector

Recopilador de datos: Data collector

Recopilar: To collect

Recopilar datos: To collect data

Recorrido de árbol: Tree traversal (tree search)

Recorrido de grafo: Graph traversal (graph search)

Recorte : Clipping

Recubrimiento: Overlay

Recuperación: Retrieval

Recuperación de información: Information retrieval (IR)

Recuperar: To retrieve

Red: Network

Red bayesiana: Bayesian network

Red bidireccional: Bidirectional network

Red de estado de eco (ESN): Echo state network (ESN)

Red de reconocimiento: Recognition network

Red de teorías: Theory network

Red discriminadora: Discriminator network

Red funcional de base radial: Radial basis function network

Red generativa: Generative network

Red generativa adversaria: Generative adversarial network (GAN)

Red metabólica: Metabolic network

Red neuronal: Neural network

Red neuronal adaptativa: Adaptive neural network

Red neuronal artificial (ANN): Artificial neural network (ANN)

Red neuronal convolucional (CNN): Convolutional neural network (CNN)

Red neuronal de cápsula (CapsNet): Capsule neural network (CapsNet)

Red neuronal de impulsos: Spiking neural network (SNN)

Red neuronal probabilística: Probabilistic neural network

Red neuronal recurrente (RNN): Recurrent neural network (RNN)

Red neuronal recurrente estocástica: Stochastic recurrent neural network

Red particionada: Partitioned network

Red recurrente: Recurrent network

Red semántica: Semantic network

Red unidireccional: Unidirectional network

Reducción de datos: Data reduction

Reducción de dimensionalidad (reducción de la dimensión): Dimensionality reduction (dimension reduction)

Reducción de orden parcial: Partial order reduction

Redundancia: Redundancy

Redundante: Redundant

Reentrenamiento: Retraining

Reentrenar: To retrain

Región de frontera: Boundary region

Regla: Rule

Regla condicional: If-then rule

Regla de asociación: Association rule

Regla de conectividad: Connectivity rule

Regla de dependencia: Dependence rule

Regla de inferencia: Inference rule

Regla difusa: Fuzzy rule

Regla no ponderada: Unweighted rule

Regla ponderada: Weighted rule

Regresión: Regression

Regresión lineal: Linear regression

Regresión logística: Logistic regression

Regularidades: Regularities

Regularización: Regularization

Regularización explícita: Explicit regularization

Regularización implícita: Implicit regularization

Relación de equivalencia: Equivalence relation

Remoto/a: Remote

Remuestreo: Resampling

Rendimiento: Performance

Representación: Representation

Representación del conocimiento: Knowledge representation (KR)

Representación icónica: Iconic representation

Representación y razonamiento del conocimiento: Knowledge representation and reasoning (KRR)

Requisito previo (prerrequisito): Prerequisite

Reskilling (reciclaje de la mano de obra): Reskilling

Resolución: Resolution (solving)

Resolución binaria: Binary resolution

Resolución de problemas: Problem solving

Resonancia: Resonance

Respuesta: Answer (response)

Respuesta automatizada a incidentes: Automated incident response

Restricción: Restriction (constraint)

Restricción de integridad: Integrity restriction

Restricción de resonancia: Resonance restriction

Resultado: Result (outcome)

Resumen: Summary (summarization, overview, abstract)

Resumen de textos: Text summarization

Resumidor: Summarizer

Resumir: To summarize

Resumir textos: To summarize texts

Retroalimentación (retroacción): Feedback

Retroalimentación humana: Human feedback

Retroencadenamiento: Backward chaining

Retropropagación: Backpropagation

Retropropagación a través de la estructura (BPTS): Backpropagation through structure (BPTS)

Retropropagación en el tiempo (BPTT): Backpropagation through time (BPTT)

Revisión: Review (revisión, check)

Revisión ortográfica: Spell check

Riesgo: Risk

Riesgo existencial: Existential risk (X-risk)

Riesgo existencial de la inteligencia artificial: Existential risk from artificial intelligence

RL (aprendizaje por refuerzo): RL (Reinforcement Learning)

RLHF (aprendizaje por refuerzo a partir de la retroalimentación humana): RLHF (Reinforcement Learning from Human Feedback)

RNA (Red Neuronal Artificial): ANN (Artificial Neural Network)

RNN (red neuronal recurrente): RNN (Recurrent Neural Network)

Robot: Robot

Robot autónomo: Autonomous robot

Robot de conversación (chatbot): Chatbot

Robot modular: Modular robot

Robótica: Robotics

Robótica del desarrollo (robótica epigenética): Developmental robotics (DevRob, epigenetic robotics)

Robótica en la nube: Cloud robotics

Robótico/a: Robotic

Robotización: Robotization (robotisation, automation)

Robotizado/a: Robotized

Robusto/a: Robust

Robustez: Robustness

RSE (error estándar residual): RSE (Residual Standard Error)

RSS (suma residual de cuadrados): RSS (Residual Sum of Squares)

Ruido: Noise

S

SaaS (software como un servicio): SaaS (Software as a Service)

Sabiduría: Wisdom

Salida: Output

Salida de texto: Text output

Salto: Jump

SAT (problema de satisfacibilidad booleana): SAT (Boolean satisfiability problem)

Satisfacción: Satisfaction

Satisfacción de restricción: Constraint satisfaction

Satisfacibilidad: Satisfiability

Saturación: Saturation

Saturación de nivel: Level saturation

SBCS (juego de caracteres de byte único): SBCS (Single-Byte Character Set)

SDL (aprendizaje por diccionarios dispersos): SDL (Sparse Dictionary Learning)

Secuencia: Sequence

Secuencia creciente: Increasing sequence

Secuencia de construcción: Construction sequence

Secuencia de Fibonacci: Fibonacci sequence

Secuencia decimal: Decimal sequence

Secuencia decreciente: Decreasing sequence

Secuencia lógica: Logical sequence

Segmentación: Segmentation

Segmentación de datos: Data segmentation

Segmentación de imágenes: Image segmentation

Segmentación de red: Network segmentation

Seguridad de IA: AI security

Selección: Selection

Selección de características: Feature selection

Semántica: Semantics

Semántica ingenua: Naive semantics

Semilla (inicialización): Seed

Sensibilidad: Sensitivity

Sensible: Sensitive

Sensor: Sensor

Sensor de proximidad: Proximity sensor

Sentido de las palabras: Sense of words

Serie: Series

Serie de caracteres (cadena de caracteres): String (character string)

Serie de Fibonacci: Fibonacci sequence

Series temporales: Time series

Servicios de conversación automatizada: Automated conversation services

Sesgo: Bias

Sesgo algorítmico: Algorithmic bias

Sesgo de la inteligencia artificial: Artificial intelligence bias

Sesgos en la IA: AI bias

Seudomización (pseudomización): Pseudonymization

SGD (descenso de gradiente estocástico: SGD (Stochastic Gradient Descent)

Si-entonces: If-then

Significación: Signification (significance)

Significado: Meaning

Signo: Sign

Signo algebraico: Algebraic sign

Signo de división (÷): Division sign (÷)

Signo de intercalación: Caret

Signo de multiplicación (x): Multiplication sign (x)

Signo más (+): Plus sign (+)

Signo matemático: Mathematical sign

Signo menos (-): Minus sign (-)

Silogismo: Syllogism

Silogismo disyuntivo: Disjunctive syllogism

Simbólico/a: Symbolic

Símbolo: Symbol

Símbolo de infinito: Infinity symbol

Símbolo de mayor que: Greater-than symbol

Símbolo de menor que: Less-than symbol

Símbolo físico: Physical symbol

Símbolo no terminal: Non-terminal symbol

Símbolo terminal: Terminal symbol

Símbolos matemáticos: Mathematical symbols

Similar (parecido/a): Similar

Similitud: Similarity

Similitud fonética: Phonetic similarity

Simulación: Simulation

Simular: To simulate

Sinapsis: Synapse

Sinapsis artificial: Artificial synapse

Sináptico: Synaptic

Singularidad: Singularity

Singularidad tecnológica: Technological singularity

Sintaxis: Syntax

Sintaxis de puntos: Dot syntax

Síntesis: Synthesis

Síntesis de texto: Text synthesis

Síntesis de vistas: View synthesis

Síntesis de voz: Voice synthesis

Sintetizador de voz: Voice synthesizer

Sintonización: Tuning

Sintonizar: To tune (to tune in)

Sistema: System

Sistema autómata: Robot system

Sistema basado en conocimientos: Knowledge-based system (KBS)

Sistema basado en reglas: Rule-based system

Sistema caótico: Chaotic system

Sistema de reescritura: Rewriting system

Sistema de aprendizaje: Learning system

Sistema de aprendizaje automático: Machine learning system (ML system)

Sistema de control difuso: Fuzzy control system

Sistema de datos en tiempo real: Real-time data system

Sistema de diálogo: Dialogue system

Sistema de IA: AI system

Sistema de inferencia borrosa basada en red adaptativa (ANFIS): Adaptive network-based fuzzy inference system (ANFIS)

Sistema de inteligencia artificial de propósito general (GPAIS): General-purpose artificial intelligence system (GPAIS)

Sistema de producción: Production system

Sistema de razonamiento: Reasoning system

Sistema de símbolos físicos: Physical symbol system

Sistema de tipos: Type system

Sistema de traducción: Translation system

Sistema de transición: Transition system

Sistema de visión: Vision system

Sistema determinista: Deterministic system

Sistema discreto: Discreet system

Sistema experto: Expert system

Sistema experto basado en reglas: Rule-base expert system

Sistema informático: Computer system

Sistema inmunitario: Immune system

Sistema inmunitario artificial: Artificial immune system

Sistema integrado: Integrated system

Sistema multiagente (SMA): Multi-agent system (MAS)

Sistema neuronal: Neural system

Sistema neuronal artificial: Artificial neural system (ANS)

Sistema operativo: Operating system

Sistema robótico: Robotic system

Sistema robótico celular: Cellular robotic system

Sistemas de computación: Computing systems

Sistemas de soporte a decisiones (DSS): Decision support system (DSS)

Sistemas inmunitarios artificiales (AIS): Artificial immune systems (AIS)

Sitio web: Web site (website)

SMA (sistema multiagente): MAS (Multi-Agent System)

Sobreajuste: Overfitting

Sobreentrenamiento: Overtraining

Software: Software

Software de código abierto: Open-source software

Software de reconocimiento de imágenes: Image recognition software

Solapamiento: Overlap

Solapar: To overlap

Solicitud (mensaje de solicitud, indicador): Prompt (prompting message)

Solicitudes de usuario: User prompts

Solitón: Soliton

Solo escritura: Write-only

Solo lectura: Read-only

Solución: Solution

Solución global: Overall solution

Solución sin código (no-code): No-code solution (no-code)

Solucionador de problemas: Problem solver

Solucionar problemas: To solve problems

Soporte: Support

STS (voz a voz): STS (Speech-To-Speech)

STT (voz a texto): STT (Speech-To-Text)

Subajuste: Underfitting

Subárbol: Subtree

Subcampo: Subfield

Subespacio: Subspace

Subida (carga): Upload

Subir (cargar): To upload

Submuestreo: Subsampling

Submuestreo aleatorio: Random subsampling

Subpalabra: Subword

Subtipo : Subtype

Suceso (evento): Event

Suma: Addition (sum)

Suma algebraica: Algebraic sum

Suma de matrices: Matrix addition (sum of matrices)

Suma residual de cuadrados (RSS): Residual sum of squares (RSS)

Suma vectorial: Vector sum

Sumar: To add

Sumatorio/a (suma): Summation

Superficie: Surface

Superficie cuadrática: Quadratic surface

Superinteligencia: Superintelligence

Superinteligencia artificial (ASI): Artificial super intelligence (ASI)

Superodenador (supercomputadora): Supercomputer

Superoperador: Superoperator

Supertipo: Supertype

Sustrato: Substrate

Sustrato sináptico: Synaptic substrate

SVM (máquina de vectores de soporte): SVM (Support Vector Machine)

T

Tabla: Table

Tabla de contingencia: Contingency table

Tabla de datos: Data table

Tabla de distribución de frecuencias: Frequency distribution table

Tabla de distribución normal estándar: Standard normal table

TAI (Traducción Automática Inteligente): IMT (Intelligent Machine Translation)

Tamaño: Size

Tamaño del modelo: Model size

TAP (punto de acceso de terminal): TAP (Terminal Access Point)

Tarea: Task

Tarea de generación: Generation task

Tarea de regresión: Regression task

Tasa de error: Error rate

Tautología: Tautology

Taxonomía: Taxonomy

TCS (ciencia computacional teórica): TCS (Theoretical Computer Science)

TDA (Tipo de Datos Abstractos): ADT (Abstract Data Type)

Técnica: Technique

Técnica de aprendizaje automático: Machine learning technique

Técnica de IA: AI technique

Tecnología: Technology

Tecnología de la información (TI): Information technology (IT)

Tecnología del cerebro: Brain technology

Tecnologías del lenguaje: Language technologies

Telaraña: Cobweb

Telemática: Telematics

Telemático/a: Telematic

Temple simulado (recocido simulado, cristalización simulada): Simulated annealing (SA)

Tendencia: Trend

TensorFlow (plataforma de código abierto para el aprendizaje automático): TensorFlow (open-source platform for machine learning)

Teorema: Theorem

Teorema de Bayes: Bayes' theorem

Teoría: Theory

Teoría autoepistémica: Autoepistemic theory

Teoría de autómatas: Automata theory

Teoría de conjuntos borrosos: Fuzzy set theory

Teoría de evidencias: Evidence theory

Teoría de grafos: Graph theory

Teoría de juegos: Game theory

Teoría de la complejidad: Complexity theory

Teoría de la complejidad computacional: Computational complexity theory

Teoría de la computación (teoría de la informática): Theory of computation

Teoría de la decisión: Decision theory (theory of rational choice)

Teoría de lenguajes de programación: Programming language theory

Teoría de números: Number theory

Teoría de números computacional: Computational number theory

Teoría de probabilidades: Probability theory

Teoría de redes de tensores: Tensor network theory

Teoría de solitones: Soliton theory

Teoría del aprendizaje computacional: Computational learning theory

Teoría del aprendizaje estadístico: Statistical learning theory

Teoría del control: Control theory

Teoría matemática: Mathematical theory

Teórico/a: Theoretical

Test de Turing (prueba de Turing): Turing test

Texto: Text

Texto a voz (TTS): Text-to-speech (TTS)

Texto de formato libre: Free-form text

Texto legible: Readable text

Texto similar al humano: Human-like text

TI (Tecnología de la Información): IT (Information Technology)

TIC (Tecnologías de la Información y las Comunicaciones): ICT (Information and Communication Technology)

Tiempo de conexión: Connection time

Tiempo de descodificación: Decode time

Tiempo de ejecución: Runtime

Tiempo de espera: Timeout

Tiempo de espera de escritura: Write timeout

Tiempo de espera de la conexión: Connection timeout

Tiempo de espera de lectura: Read timeout

Tiempo de preparación (tiempo de instalación): Setup time

Tiempo de respuesta: Response time

Tiempo real (en tiempo real): Real time

Tiempo sin disponibilidad: Blackout time

Tiempo transcurrido: Time elapsed

Tipo de datos: Data type

Tipo de datos abstractos (TDA): Abstract data type (ADT)

Token (unidad más pequeña en la que se puede dividir una palabra o frase): Token (basic unit of text: an entire word or parts of a word)

Tokenización: Tokenization

Toma de decisiones: Decision making

Toma de decisiones automatizada: Automated decision-making

Toma de decisiones automatizada asistida: Automated assisted decision-making

Trabajo aumentado: Augmented work

Traducción: Translation

Traducción automática: Machine translation

Traducción automática inteligente (TAI): Intelligent machine translation (IMT)

Traducción automática neuronal (NMT): Neural machine translation (NMT)

Traducción automatizada: Automated translation

Traducción en tiempo real: Real-time translation

Traducción inversa: Reverse translation

Traducción simultánea: Simultaneous translation

Traductor: Translator

Traductor en tiempo real: Real-time translator

Transcribir: To transcribe

Transcripción: Transcription

Transcripción fonética: Phonetic transcription

Transcriptor: Transcriptor

Transducción: Transduction

Transformador (transformer): Transformer

Transformador generativo preentrenado (GPT): Generative pre-trained transformer (GPT)

Transhumanismo (H+, h+): Transhumanism

Tratamiento de lenguaje: Language processing

Tratamiento de lenguas naturales: Natural language processing

Trazado: Plot

Trazado radial: Radial plot

Trazar: To plot

Trivial: Trivial

Trivialidad: Triviality

Trivialización: Trivialization

TTS (texto a voz): TTS (Text-To-Speech)

Tutorial: Tutorial

U

Umbral: Threshold

Umbral de confianza: Confidence threshold

Unario/a: Unary

Unicidad: Unicity

Unidad: Unit

Unidad central de procesamiento (CPU): Central processing unit (CPU)

Unidad de procesamiento gráfico: Graphical processing unit

Unidad de transmisión de datos : Data transmission unit

Unidad de tratamiento de visión (VPU): Vision processing unit (VPU)

Unidad lógica (LU): Logical unit (LU)

Unidad oculta: Hidden unit

Unidifusión: Unicast

Unificación: Unification

Unificador: Unifier

Unión: Union (junction)

Unión borrosa: Fuzzy union

Unitario: Unitary

Universo: Universe

Universo estructurado: Structured universe

Upskilling (mejora de competencias de la mano de obra): Upskilling

URL (localizador uniforme de recursos): URL (Uniform Resource Locator)

URL de redireccionamiento: Redirect URL

URL del host: Host URL

URL privada (dirección URL privada): Private URL

USB (bus serie universal): USB (Universal Serial Bus)

Uso (utilización): Use (usage)

Uso anómalo: Anomalous usage

Uso de CPU: CPU usage

Uso indebido: Misuse

Usuario/a: User

Usuario anónimo: Anonymous user

Usuario autorizado: Authorized user

Usuario con identidad suplantada: Spoofed user

Usuario con restricciones: Restricted user

Usuario final: End user

Usuario no autorizado: Unauthorized user

Usuarios con privilegios: Privileged users

Utilidad: Utility

UTM (máquina universal de Turing): UTM (Universal Turing machine)

V

Validación: Validation

Validación cruzada: Cross-validation

Valor: Value

Valor aproximado: Approximate value

Valor crítico: Critical value

Valor esperado: Expected value

Valor exacto: Exact value

Valor extremo: Extreme value

Valor fraccionario: Fractional value

Valor más alto: Highest value

Valor más pequeño: Smallest value

Valor máximo: Maximum value

Valor medio: Mean value (average value)

Valor mínimo: Minimum value

Valor nulo: Null value

Valor numérico: Numeric value

Valor predictivo Predictive value

Valor relative: Relative value

Valor umbral: Threshold value

Valor verdadero: True value

Valoración: Assessment

Valoración de probabilidad: Probability assessment

Variabilidad: Variability

Variable: Variable

Variable aleatoria: Random variable

Variable binaria: Binary variable

Variable categórica: Categorical variable

Variable compleja: Complex variable

Variable continua: Continuous variable

Variable cualitativa: Qualitative variable

Variable cuantitativa: Quantitative variable

Variable de clase: Class variable

Variable dependiente: Dependent variable

Variable difusa: Fuzzy variable

Variable estadística: Statistical variable

Variable independiente: Independent variable

Variable latente: Latent variable

Variable lingüística: Linguistic variable

Variable mensurable: Measurable variable

Variación: Variation

Varianza: Variance

Vecino: Neighbor (neighbour)

Vecino más próximo: Nearest neighbor

Vector: Vector

Vector de características: Feature vector

Vector ortogonal: Orthogonal vector

Vector prototipo: Prototype vector

Vector unitario: Unit vector

Vectores ortonormales: Orthonormal vectors

Vectorial: Vectorial

Vehículo autónomo (vehículo sin conductor): Autonomous car (driverless car, self-driving car, robotic car)

Vehículo no tripulado: Unmanned vehicle

Ventana: Window

Ventana de entrada: Input window

Ventanización: Windowing

Verdad: Truth

Verdad fundamental: Ground truth

Verdadero/a: True

Verificación de modelos: Model checking

Versión: Version (release)

Versión en tiempo de ejecución: Runtime version

Versión interna: Internal release

Vinculación: Binding

Vinculación de nombres: Name binding

Víncular: To link

Vínculo: Link (bind)

Virus: Virus

Visibilidad: Visibility

Visión: Vision

Visión artificial: Artificial vision (machine vision)

Visión computerizada (visión por ordenador, visión por computadora): Computer vision

Visión primaria: Early vision

Vista: View

Vista de árbol: Tree view

Visualización: Visualization (view, display)

Visualización de datos: Data visualization

Visualizador: Visualizer

Visualizador de datos: Data visualizer

Vocabulario: Vocabulary

Vóxel: Voxel

Voz: Voice

Voz a texto (STT): Speech-to-text (STT)

Voz a voz (STS): Speech-to-speech (STS)

Voz sintetizada: Synthesized voice

VPU (unidad de tratamiento de visión): VPU (Vision Processing Unit)

W

Watson (plataforma de IA de IBM): Watson (IBM's AI platform)

Word embedding (encaje léxico): Word embedding

X

XAI (IA explicable): XAI (Explainable AI)

XGBoost (eXtreme Gradient Boosting): XGBoost (eXtreme Gradient Boosting)

Y

Youper (software de IA): Youper (AI software)

Z

Zona: Zone

Zona activa: Hot spot

Zona de seguridad: Security zone

Zona horaria: Time zone

Zona muerta: Dead zone

ZSL (aprendizaje de disparo cero): ZSL (Zero-Shot Learning)

DICTIONARY ON ARTIFICIAL INTELLIGENCE

PART II: ENGLISH-SPANISH

List in English and Spanish of more than 2,000 terms related to Artificial Intelligence (AI). Given that AI is a relatively recent and constantly growing technology, much of the terminology surrounding it is also newly created.

By its very nature, AI is based on scientific concepts that range from mathematics, biology or physics to include computer terminology. Therefore, this dictionary includes basic vocabulary about these disciplines to give support and context to the more specific expressions of AI.

Among the large number of application fields of this technology is automatic translation, and for this reason general vocabulary based on linguistics is also included in this dictionary.

In addition, this work contains the main acronyms that are commonly found in the field of artificial intelligence.

This dictionary aims to be of help to students, translators or people who wish to delve into the fascinating world of AI. It also aims to be useful to professionals who work in industries related to this technology.

A

AAAI (Association for the Advancement of Artificial Intelligence): AAAI (Asociación para el avance de la inteligencia artificial)

AAI (Agentic Artificial Intelligence): IAA (Inteligencia Artificial Agéntica)

Abduction: Abducción

Abductive logic programming (ALP): Programación lógica abductiva

Abductive reasoning: Razonamiento abductivo

Ablation: Ablación

Absolute error: Error absoluto

Abstract: Abstracto/a

Abstract (summary): Resumen

Abstract data type (ADT): Tipo de datos abstractos (TDA)

Abstract generator: Generador de resúmenes

Abstraction: Abstracción

AC (Autonomic Computing): AC (computación autónoma)

Accelerator: Acelerador

Access code: Código de acceso

Access control list (ACL): Lista de control de acceso (ACL)

Access point: Punto de acceso

ACL (Access Control List): ACL (lista de control de acceso)

Action: Acción

Action model learning: Aprendizaje de modelo de acción

Activation code: Código de activación

Activation function: Función de activación

Adaptable: Adaptable

Adapter: Adaptador

Adaptive: Adaptativo/a

Adaptive algorithm: Algoritmo adaptativo

Adaptive learning: Aprendizaje adaptativo

Adaptive network-based fuzzy inference system (ANFIS): Sistema de inferencia borrosa basada en red adaptativa (ANFIS)

Adaptive neural network: Red neuronal adaptativa

Addition (sum): Suma

Additive model: Modelo aditivo

Adjusted tree: Árbol ajustado

Admissible heuristic: Heurística admisible

ADT (Abstract Data Type): TDA (Tipo de Datos Abstractos)

Adversarial examples attack: Ataque por ejemplos contradictorios

Affective computing: Computación afectiva

Agent: Agente

Agent architecture: Arquitectura de agentes

Agentic AI (AAI): IA agéntica (IAA)

Agentic artificial intelligence (AAI): Inteligencia artificial agéntica (IAA)

AGI (Artificial General Intelligence): IAG (Inteligencia Artificial General)

AI (Artificial Intelligence): IA (Inteligencia Artificial)

AI accelerator: Acelerador de IA

AI agent: Agente de IA

AI anchoring: Anclaje de IA

AI-applied linguistics: Lingüística aplicada a la IA

AI assistant: Asistente de IA

AI bias: Sesgos en la IA

AI content creator: Creador de contenido de IA

AI content detector: Detector de contenido de IA

AI content generator: Generador de contenido de IA

AI database: Base de datos de IA

AI detector: Detector de IA

AI engine: Motor de IA

AI ethics: Ética de la IA

AI generator: Generador de IA

AI governance: Gobernanza de la IA

AI humanizer: Humanizador de IA

AI model: Modelo de IA

AI observability: Observabilidad de la IA

AI plugin: Plugin de IA

AI Project Manager: Gestor de proyectos de IA

AI reasoning Razonamiento de la IA

AI research: Investigación en IA

AI search: Búsqueda con IA

AI security: Seguridad de IA

AI system: Sistema de IA

AI technique: Técnica de IA

AI-based image recognition: Reconocimiento de imágenes por IA

AI-complete: IA completa

AI-enabled low code: Low-code habilitado para IA

AIML (Artificial Intelligence Markup Language): AIML (lenguaje de marcado de inteligencia artificial)

AI-powered search engine: Motor de búsqueda impulsado por IA

AIS (Artificial Immune Systems): AIS (sistemas inmunitarios artificiales)

Algebraic sign: Signo algebraico

Algebraic sum: Suma algebraica

Algorithm: Algoritmo

Algorithmic: Algorítmico/a

Algorithmic bias: Sesgo algorítmico

Algorithmic complexity: Complejidad algorítmica

Algorithmic distribution: Distribución algorítmica

Algorithmic efficiency: Eficiencia algorítmica

Algorithmic method: Método algorítmico

Algorithmic probability (Solomonoff probability): Probabilidad algorítmica

Alleles: Alelos

ALP (Abductive Logic Programming): ALP (programación lógica abductiva)

Ambiguity: Ambigüedad

Analogy: Analogía

Analysis: Análisis

Analysis of statistical data: Análisis de datos estadísticos

Analytics: Analítica

Analyzer (analyser): Analizador

Ancestor: Antecesor

Anchor: Ancla

Anchoring: Anclaje

ANFIS (Adaptive Network-based Fuzzy Inference System): ANFIS (sistema de inferencia borrosa basada en red adaptativa)

ANN (Artificial Neural Network): RNA (Red Neuronal Artificial)

Annotation: Anotación

Anomalous usage: Uso anómalo

Anonymous user: Usuario anónimo

ANS (Artificial Neural System): ANS (sistema neuronal artificial)

ANSI character set: Juego de caracteres ANSI

Answer (response): Respuesta

Answer set programming (ASP): Programación de conjuntos de respuestas (ASP)

AP (Access Point): Punto de acceso

API (Application Programming Interface): API (interfaz de programación de aplicaciones)

Application (app): Aplicación

Application development: Desarrollo de aplicaciones

Application programming interface (API): Interfaz de programación de aplicaciones (API)

Applied linguistics: Lingüística aplicada

Applied mathematics: Matemáticas aplicadas

Approach: Enfoque

Approximate value: Valor aproximado

Approximation: Aproximación

Approximation error: Error de aproximación

AR (Augmented Reality): RA (Realidad Aumentada)

Arc: Arco

Architecture: Arquitectura

Archive: Archivo (archivador, registro)

Argument: Argumento

Arithmetic operator: Operador aritmético

Arithmetical error: Error aritmético

Array: Matriz

Artificial general intelligence (AGI): Inteligencia artificial general (IAG)

Artificial immune systems (AIS): Sistemas inmunitarios artificiales (AIS)

Artificial intelligence (AI): Inteligencia artificial (IA)

Artificial intelligence bias: Sesgo de la inteligencia artificial

Artificial intelligence dependency: Dependencia de la inteligencia artificial

Artificial Intelligence Markup Language (AIML): Lenguaje de marcado de inteligencia artificial (AIML)

Artificial neural network (ANN): Red neuronal artificial (ANN)

Artificial neural system (ANS): Sistema neuronal artificial

Artificial neuron: Neurona artificial

Artificial super intelligence (ASI): Superinteligencia artificial (ASI)

Artificial synapse: Sinapsis artificial

Artificial vision (machine vision): Visión artificial

Artisan AI: IA artesanal

Ascending order: Orden ascendente

ASCII character set: Juego de caracteres ASCII

ASI (Artificial Super Intelligence): ASI (superinteligencia artificial)

ASP (Answer Set Programming): ASP (programación de conjuntos de respuestas)

ASR (Automatic Speech Recognition): RAH (Reconocimiento Automático del Habla)

Assembler: Ensamblador

Assembly: Ensamblado (ensamblaje)

Assertion: Aserción

Assessment: Valoración

Assignment: Asignación

Assistant (wizard, helper): Asistente

Association for the advancement of artificial intelligence (AAAI): Asociación para el avance de la inteligencia artificial (AAAI)

Association rule: Regla de asociación

Associative learning: Aprendizaje asociativo

Associative learning memory: Memoria de aprendizaje asociativo

Associative memory: Memoria asociativa

Associative property: Propiedad asociativa

Assumption (hypothesis): Asunción (suposición, hipótesis)

Assumption-based reasoning: Razonamiento basado en hipótesis

Asymmetric key algorithm: Algoritmo de clave asimétrica

Asymptotic computational complexity: Complejidad computacional asintótica

Atom: Átomo

Attachment: Archivo adjunto (datos adjuntos)

Attack: Ataque

Attention mechanism: Mecanismo de atención

Attribute: Atributo

Attribute grammar: Gramática de atributos

Attribute-based learning: Aprendizaje basado en atributos

Attributional calculus: Cálculo de atribuciones

Audio processing: Procesamiento de audio

Augmented reality (AR): Realidad aumentada (RA)

Augmented work: Trabajo aumentado

Authentication: Autenticación

Authorized: Autorizado/a

Authorized access: Acceso autorizado

Authorized user: Usuario autorizado

Autoencoder: Autocodificador

Autoepistemic theory: Teoría autoepistémica

Auto-inference: Inferencia automática

Automata theory: Teoría de autómatas

Automated assisted decision-making: Toma de decisiones automatizada asistida

Automated conversation services: Servicios de conversación automatizada

Automated decision-making: Toma de decisiones automatizada

Automated decisions: Decisiones automatizadas

Automated deduction: Deducción automatizada

Automated incident response: Respuesta automatizada a incidentes

Automated machine learning (AutoML): Aprendizaje automático automatizado (AutoML)

Automated planning: Planificación automática

Automated reasoning: Razonamiento automatizado

Automated theorem prover: Demostrador automático de teoremas

Automated theorem proving: Demostración automática de teoremas

Automated translation: Traducción automatizada

Automatic: Automático/a

Automatic learning (machine learning): Aprendizaje automático

Automatic learning model: Modelo de aprendizaje automático

Automatic speech recognition (ASR): Reconocimiento automático del habla (RAH)

Automation: Automatización

Automation tool: Herramienta de automatización

Automaton (robot): Autómata

AutoML (Automated Machine Learning): AutoML (aprendizaje automático automatizado)

Autonomic computing (AC): Computación autónoma (AC)

Autonomous agent: Agente autónomo

Autonomous car (driverless car, self-driving car, robotic car): Coche autónomo (coche sin conductor)

Autonomous robot: Robot autónomo

Autoprompt: Autoinstrucción

Average branching factor: Factor de ramificación medio

AWS Machine Learning (AI software): AWS Machine Learning (software de IA)

Axiom: Axioma

Axon: Axón

Azure Machine Learning Studio (AI software): Estudio de aprendizaje automático de Azure (software de IA)

B

BaaS (Blockchain as a Service): BaaS (cadena de bloques como servicio)

Backpropagation: Retropropagación

Backpropagation learning: Aprendizaje por retropropagación

Backpropagation through structure (BPTS): Retropropagación a través de la estructura (BPTS)

Backpropagation through time (BPTT): Retropropagación en el tiempo (BPTT)

Backtrack strategy (backtracking): Estrategia de retroceso

Backward chaining (backward reasoning): Retroencadenamiento (encadenamiento hacia atrás, método de deducción hacia atrás, razonamiento hacia atrás)

Backward reasoning: Razonamiento hacia atrás

Bag-of-words model (BoW): Modelo "bolsa de palabras"

Bar chart: Gráfico de barras

Barcode: Código de barras

Base model: Modelo base

Batch: Lote

Batch normalization (batch norm): Normalización por lotes

Batch processing: Procesamiento por lotes

Bayes' theorem: Teorema de Bayes

Bayesian estimation: Estimación bayesiana

Bayesian network: Red bayesiana

BCI (Brain–Computer Interface): ICC (Interfaz Cerebro-Computadora)

Behavior (behaviour): Comportamiento

Behavior tree: Árbol de comportamiento

Belief: Creencia

Benchmarking: Benchmarking (análisis comparativo)

Bias: Sesgo

Bias error: Error de sesgo

Bias–variance tradeoff: Dilema sesgo-varianza

Bidirectional associative memory: Memoria asociativa bidireccional

Bidirectional network: Red bidireccional

Big data: Big data (macrodatos, datos masivos)

Bilingual: Bilingüe

Binary: Binario/a

Binary code: Código binario

Binary file: Archivo binario

Binary resolution: Resolución binaria

Binary tree: Árbol binario

Binary variable: Variable binaria

Binding: Vinculación

Binomial coefficient: Coeficiente binomial

Binomial distribution: Distribución binomial

Biocybernetics: Biocibernética

Bio-inspired computation: Computación de inspiración biológica

Biological computer: Computadora biológica

Biometric lock: Bloqueo biométrico

Bit (binary digit): Bit (dígito binario)

Black box: Caja negra

Black box algorithm: Algoritmo de caja negra

Blacklist: Lista negra (lista de bloqueados)

Blackout time: Tiempo sin disponibilidad

Blind search: Búsqueda ciega

Block: Bloque

Block code: Código de bloque

Blockchain: Cadena de bloques

Blockchain as a service (BaaS): Cadena de bloques como servicio (BaaS)

BMI (Brain–Machine Interface): ICM (Interfaz Cerebro-Máquina)

Boltzmann machine: Máquina de Boltzmann

Boolean circuit: Circuito booleano

Boolean expression: Expresión booleana

Boolean logic: Lógica booleana

Boolean operator: Operador booleano

Boolean satisfiability problem (SAT): Problema de satisfacibilidad booleana (SAT)

Boosting (machine learning meta-algorithm): Boosting (meta-algoritmo de aprendizaje automático)

Boot file: Archivo de arranque

Bootstrap (bootstrapping): Bootstrap (bootstrapping)

Bootstrap aggregating (bootstrapping, bagging): Agregación de bootstrap (agregación de arranque, embolsado)

Bottom-up: Ascendente

Boundary región: Región de frontera

BoW (Bag-of-Words model): BoW (modelo "bolsa de palabras")

BPTS (Backpropagation Through Structure): BPTS (retropropagación a través de la estructura)

BPTT (Backpropagation Through Time): BPTT (retropropagación en el tiempo)

Brain: Cerebro

Brain technology: Tecnología del cerebro

Brain–computer interface (BCI): Interfaz cerebro-computadora (ICC)

Branching factor: Factor de ramificación

Breakpoint: Punto de interrupción

Brute-force algorithm: Algoritmo de fuerza bruta

Brute-force search (exhaustive search): Búsqueda por fuerza bruta (búsqueda exhaustiva)

Bubble graph: Grafo de burbujas

C

Calculation (calculus): Cálculo

Candidate: Candidato/a

Capsule neural network (CapsNet): Red neuronal de cápsula (CapsNet)

Cardinal: Cardinal

Cardinality: Cardinalidad

Caret: Signo de intercalación

Case: Caso

Case grammar: Gramática de casos

Case-based reasoning (CBR): Razonamiento basado en casos

Categorical variable: Variable categórica

Category: Categoría

Causal reasoning: Razonamiento causal

CCM (Constrained Conditional Model): CCM (modelo condicional restringido)

Cellular robotic system: Sistema robótico celular

Central processing unit (CPU): Unidad central de procesamiento (CPU)

Certificate revocation list (CRL): Lista de revocación de certificados (CRL)

Chain: Cadena

Chain of thought: Cadena de pensamiento

Chained words: Palabras encadenadas

Chained-word recognition: Reconocimiento de palabras encadenadas

Chaining: Encadenamiento

Chaos: Caos

Chaotic : Caótico/a

Chaotic system: Sistema caótico

Character recognition: Reconocimiento de caracteres

Character set: Juego de caracteres

Character string: Cadena de caracteres (serie de caracteres)

Chart (graph): Gráfico

Chat: Chat (charla, chateo)

Chat history: Historial de chats

Chatbot (talkbot, voice assistant): Chatbot (asistente de voz, robot de conversación, asistente virtual)

ChatGPT (chat interface): ChatGPT (interfaz de chat)

Checklist: Lista de comprobación

Checkpoint: Punto de control

Chemistry: Química

Chess: Ajedrez

Child: Hijo/a

CI (Computational Intelligence): IC (Inteligencia Computacional)

CL (Computational Linguistics): LC (Lingüística Computacional)

Class: Clase

Class variable: Variable de clase

Classical logic: Lógica clásica

Classification: Clasificación

Classification method: Método de clasificación

Classification similarity learning: Aprendizaje por similitud de clasificación

Classifier: Clasificador

Clause: Cláusula

CLIP (Contrastive Language–Image Pretraining): CLIP (preentrenamiento de imágenes de lenguaje contrastivo)

Clipping: Recorte

Closure : Cierre

Cloud: Nube

Cloud access: Acceso a la nube

Cloud attachment: Archivo adjunto en la nube

Cloud computing: Computación en la nube

Cloud Machine Learning Platform: Plataforma de aprendizaje automático en la nube

Cloud robotics: Robótica en la nube

Cluster analysis: Análisis de grupos

Cluster tree: Árbol de grupo

Clustering: Agrupamiento

CNN (Convolutional Neural Network): CNN (red neuronal convolucional)

Cobweb: Telaraña

Cocycle: Cociclo

Code: Código

Code of conduct: Código de conducta

Coding (encoding): Codificación

Coefficient: Coeficiente

Coefficient of proportionality: Coeficiente de proporcionalidad

Coefficient of variation: Coeficiente de variación

Cofactor: Cofactor

Cofunction: Cofunción

Cognitive architecture: Arquitectura cognitiva

Cognitive computing: Computación cognitiva

Cognitive psychology: Psicología cognitiva

Cognitive science: Ciencia cognitiva

Collaborative learning: Aprendizaje colaborativo

Collection: Colección (recopilación)

Collective learning: Aprendizaje colectivo

Collector: Recopilador

Combinatorial: Combinatorio/a

Combinatorial analysis: Análisis combinatorio

Combinatorial explosión: Explosión combinatoria

Combinatorial optimization: Optimización combinatoria

Combinatorics (combinatorial analysis): Combinatoria

Commonsense knowledge: Conocimientos de sentido común

Commonsense reasoning: Razonamiento de sentido común

Commutative: Conmutativo/a

Commutative property: Propiedad conmutativa

Compacting algorithm: Algoritmo de compactación

Company (business, enterprise): Empresa

Comparator: Comparador

Compilation: Compilación

Compiler: Compilador

Complex: Complejo/a

Complex data: Datos complejos

Complex variable: Variable compleja

Complexity: Complejidad

Complexity theory: Teoría de la complejidad

Component analysis: Análisis de componentes

Composition: Composición

Computational chemistry: Química computacional

Computational complexity theory: Teoría de la complejidad computacional

Computational creativity (mechanical creativity, creative computing): Creatividad computacional (creatividad mecánica, informática creativa)

Computational cybernetics: Cibernética computacional

Computational ethics: Ética computacional

Computational humor: Humor computacional

Computational intelligence (CI): Inteligencia computacional (IC)

Computational learning theory: Teoría del aprendizaje computacional

Computational linguistics (CL): Lingüística computacional (LC)

Computational mathematics: Matemáticas computacionales

Computational model: Modelo computacional

Computational neuroscience (theoretical neuroscience): Neurociencia computacional (neurociencia teórica)

Computational number theory: Teoría de números computacional

Computational power: Potencia computacional

Computational problema: Problema computacional

Computational statistics (statistical computing): Estadística computacional (computación estadística)

Computer: Ordenador (computador/a, equipo, PC)

Computer calculation: Cálculo informático

Computer center: Centro informático (centro de computación)

Computer chess: Ajedrez cibernético (ajedrez por ordenador)

Computer engineering: Ingeniería informática

Computer science: Ciencia computacional (ciencia informática)

Computer system: Sistema informático

Computer visión: Visión computerizada (visión por ordenador, visión por computadora)

Computer-aided design (CAD): Diseño asistido por ordenador (CAD)

Computing: Computación

Computing power: Poder de computación

Computing systems: Sistemas de computación

Concept: Concepto

Concept language: Lenguaje de conceptos

Concept learning: Aprendizaje de conceptos

Conceptual clustering: Agrupamiento conceptual

Conceptual cognitive science: Ciencia cognitiva conceptual

Conceptualization: Conceptualización

Conditional model: Modelo condicional

Conditional probability: Probabilidad condicionada

Confidence threshold: Umbral de confianza

Configuration file: Archivo de configuración

Confusion matrix: Matriz de confusión

Conlang (constructed language): Conlang (lengua construida, idioma artificial)

Connected-word recognition: Reconocimiento de palabras conectadas

Connection time: Tiempo de conexión

Connection timeout: Tiempo de espera de la conexión

Connectionism: Conexionismo

Connectivity rule: Regla de conectividad

Conorm: Conorma

Consistent heuristic: Heurística consistente

Constrained conditional model (CCM): Modelo condicional restringido (CCM)

Constraint logic programming: Programación lógica con restricciones

Constraint programming: Programación con restricciones

Constraint satisfaction: Satisfacción de restricción

Constructed language (conlang): Lengua construida (idioma artificial, conlang)

Construction sequence: Secuencia de construcción

Content: Contenido

Content creator: Creador de contenido

Context: Contexto

Context tree: Árbol de contextos

Contextual understanding: Comprensión contextual

Contingency: Contingencia

Contingency table: Tabla de contingencia

Continuous learning: Aprendizaje continuo

Continuous speech: Habla continua

Continuous variable: Variable continua

Contrast enhancement: Aumento de contraste

Contrastive language–image pretraining (CLIP): Preentrenamiento de imágenes de lenguaje contrastivo (CLIP)

Control theory: Teoría del control

Controllability: Controlabilidad

Conversational agent: Agente conversacional

Conversational AI: IA conversacional

Convolutional neural network (CNN): Red neuronal convolucional (CNN)

Core: Núcleo

Correlation: Correlación

Correlation coefficient: Coeficiente de correlación

Cost of large language models: Coste de grandes modelos de lenguaje

Counterpropagation: Contrapropagación

Country code: Código de país

Covariance: Covarianza

CPU (Central Processing Unit): CPU (unidad central de procesamiento)

CPU usage: Uso de CPU

Cracking algorithm: Algoritmo de ruptura

Create ML (Apple AI software): Create ML (software de IA de Apple)

Criterion (criteria): Criterio/s

Critical value: Valor crítico

CRL (Certificate Revocation List): CRL (lista de revocación de certificados)

Crossover (recombination): Recombinación

Cross-validation: Validación cruzada

Cryptographic algorithm: Algoritmo criptográfico

CSV file: Archivo CSV

Cut: Corte

Cybernetics: Cibernética

D

DAI (Distributed Artificial Intelligence): IAD (Inteligencia Artificial Distribuida)

Data: Datos

Data access: Acceso a datos

Data aggregation algorithm: Algoritmo de agregación de datos

Data analysis: Análisis de datos

Data annotation: Anotación de datos

Data augmentation: Aumento de datos

Data cleaning: Limpieza de datos

Data clustering algorithm: Algoritmo de agrupamiento de datos

Data collection: Recopilación de datos

Data collector: Recopilador de datos

Data dictionary: Diccionario de datos

Data drift: Deriva de datos

Data encryption: Cifrado de datos

Data engineering: Ingeniería de datos

Data enrichment: Enriquecimiento de datos

Data extraction (data mining): Extracción de datos (minería de datos)

Data fusión: Fusión de datos

Data integration: Integración de datos

Data mining: Minería de datos

Data model: Modelo de datos

Data modeling: Modelado de datos

Data object: Objeto de datos

Data points: Puntos de datos

Data poisoning: Envenenamiento de datos

Data privacy: Privacidad de datos

Data protection: Protección de datos

Data protection impact assessment: Evaluación del impacto sobre la protección de datos

Data pseudonymization: Pseudonimización de datos

Data reduction: Reducción de datos

Data science: Ciencia de datos

Data scientist: Científico de datos

Data segmentation: Segmentación de datos

Data source: Origen de datos

Data structure: Estructura de datos

Data table: Tabla de datos

Data transmission unit: Unidad de transmisión de datos

Data type: Tipo de datos

Data visualization: Visualización de datos

Data visualizer: Visualizador de datos

Data warehouse (DW, DWH): Almacén de datos (repositorio de datos)

Database: Base de datos

Datalog: Datalog (registro de datos)

Dataset (data set): Conjunto de datos

Dataset training: Entrenamiento de conjunto de datos

DBCS (Double-Byte Character Set): DBCS (juego de caracteres de doble byte)

DBSCAN (Density-Based Spatial Clustering of Applications with Noise): DBSCAN (agrupamiento espacial basado en densidad de aplicaciones con ruido)

DDL (Distributed Deep Learning): DDL (aprendizaje profundo distribuido)

Dead zone: Zona muerta

Decentralized artificial intelligence: Inteligencia artificial descentralizada

Decimal number: Número decimal

Decimal sequence: Secuencia decimal

Decision: Decisión

Decision algorithm: Algoritmo de decisión

Decision attribute: Atributo de decisión

Decision list: Lista de decisiones

Decision making: Toma de decisiones

Decision problem: Problema de decisión

Decision support system (DSS): Sistemas de soporte a decisiones (DSS)

Decision theory (theory of rational choice): Teoría de la decisión

Decision tree: Árbol de decisión

Decision tree learning: Aprendizaje basado en árboles de decisión

Declarative programming: Programación declarativa

Decode time: Tiempo de descodificación

Decoding: Decodificación (descodificación)

Decontextualization: Descontextualización

Decreasing sequence: Secuencia decreciente

Decrement operator: Operador de decremento

Deduction: Deducción

Deductive classifier: Clasificador deductivo

Deductive database: Base de datos deductiva

Deep knowledge: Conocimiento profundo

Deep learning: Aprendizaje profundo

Deep structure: Estructura profunda

Deep-Blue (chess-playing IBM supercomputer): Deep Blue (supercomputadora de IBM para jugar al ajedrez)

Deepfake: Deepfake (falsedad profunda, medios sintéticos)

Default: Por omisión (por defecto)

Default logic: Lógica por defecto

Definition: Definición

DEL (Dynamic Epistemic Logic): DEL (lógica epistémica dinámica)

Demodulation: Desmodulación

Dendrite: Dendrita

Density-based spatial clustering of applications with noise (DBSCAN): Agrupamiento espacial basado en densidad de aplicaciones con ruido (DBSCAN)

Dependence (dependency): Dependencia

Dependence rule: Regla de dependencia

Dependent: Dependiente

Dependent variable: Variable dependiente

Deployment: Despliegue

Deployment space: Espacio de despliegue

Descendant: Descendiente

Descending order: Orden descendente

Description logic (DL): Lógica de descripción (lógica descriptiva, DL)

Design: Diseño

Detection: Detección

Deterministic model: Modelo determinista

Deterministic system: Sistema determinista

Developer: Desarrollador/a

Development: Desarrollo

Development environment: Entorno de desarrollo

Developmental robotics (DevRob, epigenetic robotics): Robótica del desarrollo (robótica epigenética)

Deviation: Desviación

Diagnosis: Diagnóstico

Diagnosis by an expert system: Diagnóstico de un sistema experto

Diagram (chart): Diagrama

Dialect: Dialecto

Dialogue system: Sistema de diálogo

Dictionary: Diccionario

Differential calculus: Cálculo diferencial

Diffusion: Difusión

Diffusion model (DM, diffusion probabilistic model): Modelo de difusión (modelo probabilístico de difusión)

Digit: Dígito

Digital environment: Entorno digital

Digital logic: Lógica digital

Digital signature file: Archivo de firma digital

Digital specialist: Especialista digital

Dijkstra's algorithm: Algoritmo de Dijkstra (algoritmo de caminos mínimos)

Dimension: Dimensión

Dimensionality: Dimensionalidad

Dimensionality reduction (dimension reduction): Reducción de dimensionalidad (reducción de la dimensión)

Disambiguation: Desambiguación

Discreet system: Sistema discreto

Discriminative AI: IA discriminativa

Discriminative model (conditional model): Modelo discriminativo (modelo condicional)

Discriminator network: Red discriminadora

Disinformation: Desinformación

Disjunctive syllogism: Silogismo disyuntivo

Disk file: Archivo de disco

Distinctive feature: Característica distintiva

Distributed artificial intelligence (DAI, decentralized artificial intelligence): Inteligencia artificial distribuida (IAD, (inteligencia artificial descentralizada)

Distributed deep learning (DDL): Aprendizaje profundo distribuido (DDL)

Distributed logic: Lógica distribuida

Distributive property: Propiedad distributiva

Division sign (÷): Signo de división (÷)

DL (Description Logic): DL (lógica de descripción)

DM (Diffusion Model): DM (modelo de difusión)

Domain: Dominio

Dot-com (.com): Punto com (.com)

Dot syntax: Sintaxis de puntos

Dots per inch (DPI): Puntos por pulgada (PPP)

Double-byte character set (DBCS): Juego de caracteres de doble byte (DBCS)

Download: Descarga (bajada)

Download folder: Carpeta de descarga

Downloaded file: Archivo descargado

DPI (Dots Per Inch): PPP (Puntos Por Pulgada)

Drift (concept drift): Deriva

Driverless car (self-driving car, robotic car): Coche sin conductor (coche autónomo)

Dropout (dilution, DropConnect): Dropout (abandono)

DSS (Decision Support System): DSS (sistema de soporte a decisiones)

Dummy: Ficticio/a

Dynamic environment: Entorno dinámico

Dynamic epistemic logic (DEL): Lógica epistémica dinámica (DEL)

E

Eager evaluation: Evaluación ambiciosa

Early visión: Visión primaria

Echo state network (ESN): Red de estado de eco (ESN)

Edge analysis: Análisis de contorno

Embodied cognitive science: Ciencia cognitiva corporizada

Emergent behavior: Comportamiento emergente

Empirical: Empírico/a

Empirical demonstration: Demostración empírica

Empirical probability: Probabilidad empírica

Encrypted: Cifrado/a

Encryption: Cifrado

Encryption algorithm (cryptographic algorithm): Algoritmo de cifrado (algoritmo criptográfico)

End user: Usuario final

Endpoint: Punto final (extremo)

Energy: Energía

Engine: Motor

Engineer: Ingeniero/a

Engineering: Ingeniería

Enhanced learning: Aprendizaje potenciado

Enterprise AI: IA para la empresa

Entropy: Entropía

Entry point: Punto de entrada

Environment: Entorno

Epigenetic robotics: Robótica epigenética

Episode: Episodio

Equivalence class: Clase de equivalencia

Equivalence relation: Relación de equivalencia

Error: Error

Error correcting code: Código de corrección de errores

Error detecting code: Código de detección de errores

Error rate: Tasa de error

Error-driven learning: Aprendizaje impulsado por errores

ESN (Echo State Network): ESN (red de estado de eco)

Estimation (estimate): Estimación

Ethical: Ético/a

Ethics: Ética

Evaluation (assessment): Evaluación

Evaluator: Evaluador

Event: Evento (suceso)

Event tree: Árbol de sucesos

Evidence: Evidencia

Evidence flow: Flujo de evidencia

Evidence theory: Teoría de evidencias

Evolutionary algorithm: Algoritmo evolutivo

Evolutionary computation: Computación evolutiva

Evolutionary programming: Programación evolutiva

Exact value: Valor exacto

Executable file (.exe file): Archivo ejecutable (archivo .exe)

Execution environment (runtime): Entorno de ejecución

Exhaustive search: Búsqueda exhaustiva

Existential quantifier: Cuantificador existencial

Existential risk (X-risk): Riesgo existencial

Existential risk from artificial intelligence: Riesgo existencial de la inteligencia artificial

Expectation: Expectación

Expected value: Valor esperado

Experimental probability: Probabilidad experimental

Expert diagnosis (diagnosis by an expert system): Diagnóstico de experto (diagnóstico de un sistema experto)

Expert helper: Asistente experto

Expert system: Sistema experto

Expert-system building tool: Herramienta de construcción de sistemas expertos

Explainability: Explicabilidad

Explainable AI (XAI): IA explicable (XAI)

Explicit regularization: Regularización explícita

Exploration–exploitation dilemma: Paradoja exploración-explotación

Expression (phrase): Expresión

Expressivity (expressiveness): Expresividad

Extensibility: Extensibilidad

Extension: Extensión

External knowledge sources: Fuentes de conocimiento externas

Extraction: Extracción

eXtreme Gradient Boosting (XGBoost): eXtreme Gradient Boosting (XGBoost)

Extreme value: Valor extremo

F

F1 layer: Capa F1

F2 layer: Capa F2

Face detection: Detección facial

Face template : Plantilla facial

Facial recognition: Reconocimiento facial

Facial recognition using AI: Reconocimiento facial con IA

Fact: Hecho

Factor graph: Grafo de factores

Factorial analysis: Análisis factorial

Factual base: Base de hechos

FAI (Friendly Artificial Intelligence): FAI (inteligencia artificial amigable, IA amigable)

Failure: Fallo (anomalía, error)

Failure code: Código de error

False (fake): Falso/a

False information: Información falsa

False negative: Falso negativo

False positive: Falso positivo

Feature: Característica (rasgo, atributo)

Feature engineering: Ingeniería de características

Feature extraction: Extracción de características

Feature learning (representation learning): Aprendizaje de características (aprendizaje de representación)

Feature point: Punto de características

Feature selection: Selección de características

Feature vector: Vector de características

Federated learning (collaborative learning): Aprendizaje federado (aprendizaje colaborativo)

Feedback: Retroalimentación (retroacción)

Few-shot learning: Aprendizaje de pocos disparos

Fibonacci numbers: Números de Fibonacci

Fibonacci sequence: Secuencia de Fibonacci (serie de Fibonacci)

Field: Campo

File: Archivo (fichero)

Filter: Filtro

Filter bubble: Burbuja de filtros

Fine tuning: Ajuste fino

Finite-state automaton: Autómata de estados finitos

First-order learning: Aprendizaje de primer orden

First-order logic (predicate logic, predicate calculus): Lógica de primer orden (lógica predicativa, cálculo de predicados)

Flow: Flujo

Fluent: Fluente

Folder: Carpeta

Folder tree: Árbol de carpetas

Forest: Bosque

Form file: Archivo de formulario

Formal language: Lenguaje formal

Formal logic: Lógica formal

Format: Formato

Formatting: Formateo

Formula: Fórmula

Formulation: Formulación

Forward chaining: Encadenamiento delantero

Forward reasoning: Razonamiento delantero (razonamiento hacia adelante)

Foundation model (large X model, LxM): Modelo fundacional

Fractal: Fractal

Fractality: Fractalidad

Fractional value: Valor fraccionario

Frame (framework): Marco

Free-form text: Texto de formato libre

Frequency distribution table: Tabla de distribución de frecuencias

Friendly artificial intelligence (friendly AI, FAI): Inteligencia artificial amigable (IA amigable, FAI)

Frontier AI: IA de frontera

Frontier models: Modelos de frontera

Function: Función

Functional programming: Programación funcional

Functional programming language: Lenguaje de programación funcional

Fusion and propagation: Fusión y propagación

Futures studies (futures research, futurology): Estudios del futuro (futurología)

Fuzzy: Difuso/a (borroso/a)

Fuzzy control system: Sistema de control difuso

Fuzzy database: Base de datos borrosa

Fuzzy logic: Lógica difusa (lógica borrosa)

Fuzzy rule: Regla difusa

Fuzzy set: Conjunto borroso

Fuzzy set theory: Teoría de conjuntos borrosos

Fuzzy unión: Unión borrosa

Fuzzy variable: Variable difusa

G

GA (Genetic Algorithm): AG (Algoritmo Genético)

GAI (Generative Artificial Intelligence): GAI (inteligencia artificial generativa)

Game: Juego

Game diagram: Diagrama de juegos

Game graph: Grafo de juego

Game theory: Teoría de juegos

Gamco (AI software for business solutions): Gamco (software de IA para empresas)

GAN (Generative Adversarial Network): GAN (red generativa adversaria)

Gaussian distribution: Distribución gaussiana

Gaussian function: Función gaussiana

GD (Gradient Descent): Descenso de gradiente (disminución de gradiente, GD)

GDB (Graph Database): BDOG (base de datos orientada a grafos)

Generalization: Generalización

Generalization error (out-of-sample error): Error de generalización (error fuera de muestra)

Generalizer: Generalizador

General-purpose AI: IA de propósito general

General-purpose artificial intelligence system (GPAIS): Sistema de inteligencia artificial de propósito general (GPAIS)

Generation: Generación

Generation task: Tarea de generación

Generative: Generativo/a

Generative adversarial network (GAN): Red generativa adversaria

Generative artificial intelligence (GAI, generative AI, Gen AI): Inteligencia artificial generativa (IA generativa, GAI)

Generative model: Modelo generativo

Generative network: Red generativa

Generative pre-trained transformer (GPT): Transformador generativo preentrenado (GPT)

Generator: Generador

Generic frame: Marco genérico

Genetic algorithm (GA): Algoritmo genético (AG)

Genetic operator: Operador genético

Ghost file: Archivo fantasma

Governance: Gobernanza

GPAIS (General-Purpose Artificial Intelligence System): GPAIS (sistema de inteligencia artificial de propósito general)

GPT (Generative Pre-trained Transformer): GPT (transformador generativo preentrenado)

GPU (Graphics Processing Unit): GPU (unidad de procesamiento gráfico)

Gradient: Gradiente

Gradient boosting: Potenciación del gradiente

Gradient descent (GD): Descenso de gradiente (disminución de gradiente, GD)

Gradient descent algorithm: Algoritmo de descenso de gradiente

Grammar: Gramática

Graph: Grafo

Graph database (GDB): Base de datos de grafos (base de datos orientada a grafos, BDOG)

Graph theory: Teoría de grafos

Graph traversal (graph search): Recorrido de grafo

Graphic: Gráfico/a

Graphical processing unit: Unidad de procesamiento gráfico

Greater-than symbol: Símbolo de mayor que

Greedy algorithm: Algoritmo voraz

Greedy evaluation: Evaluación voraz

Ground truth: Verdad fundamental

Grounding (earthing): Grounding (puesta a tierra)

Guardrails: Barandillas

H

Hallucination Alucinación

Handwriting: Escritura (escritura a mano, letra)

Handwriting recognition: Reconocimiento de escritura

Hard method: Método duro

Hash code: Código hash

Heuristic: Heurística (heurístico/a)

Heuristic function: Función heurística

Heuristic knowledge: Conocimiento heurístico

Heuristic method: Método heurístico

Heuristic programming: Programación heurística

Hidden code: Código oculto

Hidden layer: Capa oculta

Hidden unit: Unidad oculta

Hierarchy: Jerarquía

Highest value: Valor más alto

High-risk environment: Entorno de alto riesgo

History: Historial

Hit list: Lista de coincidencias

Holism: Holismo

Holistic (wholistic): Holístico/a

Hologram: Holograma

Homomorphic encryption: Cifrado homomórfico

Hook: Gancho

Host computer: Ordenador host (equipo host)

Host URL: URL del host

Hot spot: Zona activa

Human: Humano/a

Human brain: Cerebro humano

Human creativity: Creatividad humana

Human feedback: Retroalimentación humana

Human intelligence: Inteligencia humana

Human judgement: Juicio humano (criterio humano)

Human language: Lenguaje humano

Human-like text: Texto similar al humano

Hybridization: Hibridación

Hypergraph: Hipergrafo

Hyper-heuristic: Hiperheurística

Hyperparameter: Hiperparámetro

Hyperparameter optimization: Optimización de hiperparámetros

Hyperplane: Hiperplano

Hypothesis: Hipótesis

Hypothesis contrast (hypothesis testing): Contraste de hipótesis

Hysteresis: Histéresis

Hysteretic agent: Agente de histéresis

I

IBM Watson (IBM's AI platform): IBM Watson (plataforma de IA de IBM)

Icon: Icono

Iconic representation: Representación icónica

ICT (Information and Communication Technology): TIC (Tecnologías de la Información y las Comunicaciones)

IDE (Integrated Development Environment): IDE (entorno de desarrollo integrado)

Identification code: Código de identificación

Identity comparator: Comparador de identidad

Idiom (idiomatic expression): Modismo (expresión idiomática)

If-then: Si-entonces

If-then knowledge base: Base de conocimientos determinista

If-then rule: Regla condicional

Image: Imagen

Image analysis: Análisis de imágenes

Image classification: Clasificación de imágenes

Image file: Archivo de imagen

Image input: Entrada de imagen

Image recognition: Reconocimiento de imágenes

Image recognition software: Software de reconocimiento de imágenes

Image segmentation: Segmentación de imágenes

Image understanding: Comprensión de imágenes

Imaging: Formación de imágenes

IMAP (Internet Messaging Access Protocol): IMAP (protocolo de acceso a mensajes de Internet)

Immune system: Sistema inmunitario

Implicit regularization: Regularización implícita

IMT (Intelligent Machine Translation): TAI (Traducción Automática Inteligente)

Incidence calculus: Cálculo de incidencias

Increasing sequence: Secuencia creciente

Increment operator: Operador de incremento

Incremental learning: Aprendizaje incremental

Incremental training: Formación incremental

Independence: Independencia

Independent: Independiente

Independent variable: Variable independiente

Index file: Archivo de índices

Infected file: Archivo infectado

Inference: Inferencia

Inference engine: Motor de inferencia

Inference rule: Regla de inferencia

Infinitesimal calculus: Cálculo infinitesimal

Infinity symbol: Símbolo de infinito

Information: Información

Information extraction: Extracción de información

Information integration: Integración de la información

Information privacy: Privacidad de la información

Information processing language (IPL): Lenguaje de tratamiento de la información (IPL)

Information retrieval: Recuperación de información

Information technology (IT): Tecnología de la información (TI)

Inheritance: Herencia (legado)

Inheritance hierarchy: Jerarquía de herencia

Input: Entrada

Input data: Datos de entrada

Input file: Archivo de entrada

Input layer: Capa de entrada

Input window: Ventana de entrada

Instruction-tuning: Ajuste de instrucciones

Integral calculus: Cálculo integral

Integrated development environment (IDE): Entorno de desarrollo integrado (IDE)

Integrated system: Sistema integrado

Integration: Integración

Integrity: Integridad

Integrity locking: Bloqueo de integridad

Integrity restriction: Restricción de integridad

Intelligence: Inteligencia

Intelligence amplification: Amplificación de la inteligencia

Intelligence augmentation: Inteligencia aumentada

Intelligent agent: Agente inteligente

Intelligent control: Control inteligente

Intelligent machine translation (IMT): Traducción automática inteligente (TAI)

Interface: Interfaz

Internal reléase: Versión interna

Interpretability: Interpretabilidad

Interpretable: Interpretable

Interpretation: Interpretación

Interpreter: Intérprete

Intrinsic motivation: Motivación intrínseca

IPL (Information Processing Language): IPL (lenguaje de tratamiento de la información)

Isolated words: Palabras aisladas

Isolated-word recognition: Reconocimiento de palabras aisladas

Isomorphism: Isomorfismo

IT (Information Technology): TI (Tecnología de la Información)

IT architect: Arquitecto de TI (arquitecto informático)

IT architecture: Arquitectura informática

IT Project Manager: Gestor de proyectos de TI

Iteration: Iteración

J

JIT compiler: Compilador JIT (compilador Just-In-Time)

Jump: Salto

Junction tree: Árbol de unión

Junction tree algorithm: Algoritmo de árboles de unión

JVM (Java Virtual Machine): JVM (máquina virtual de Java)

K

Key: Clave (tecla, llave)

KIF (Knowledge Interchange Format): KIF (formato de intercambio de conocimiento)

Kinematics: Cinemática

K-means: K-medias

K-nearest neighbors (k-NN): K vecinos más cercanos (k-NN)

Knowledge: Conocimiento

Knowledge abstraction: Abstracción de conocimiento

Knowledge acquisition: Adquisición de conocimiento

Knowledge acquisition program: Programa de adquisición de conocimientos

Knowledge base (K base): Base de conocimientos

Knowledge compilation: Compilación de conocimientos

Knowledge decontextualization: Descontextualización del conocimiento

Knowledge engineering: Ingeniería del conocimiento

Knowledge extraction: Extracción de conocimientos

Knowledge graph: Gráfico de conocimiento

Knowledge interchange format (KIF): Formato de intercambio de conocimiento (KIF)

Knowledge principle: Principio de conocimiento

Knowledge representation: Representación del conocimiento

Knowledge representation and reasoning: Representación y razonamiento del conocimiento

Knowledge source: Fuente de conocimiento

Knowledge source combination: Combinación de fuentes de conocimientos

Knowledge-based system: Sistema basado en conocimientos

L

Label: Etiqueta

Labeled: Etiquetado/a

Labeled data: Datos etiquetados

Labeling: Etiquetado

Language: Lengua (lenguaje)

Language model: Modelo de lenguaje

Language processing: Tratamiento de lenguaje

Language technologies: Tecnologías del lenguaje

Language-machine: Máquina-lenguaje

Large language model (LLM): Modelo de lenguaje grande (LLM)

Latency: Latencia

Latent space: Espacio latente

Latent variable: Variable latente

Layer: Capa

Lazy learning: Aprendizaje vago

Leaf: Hoja

Learning: Aprendizaje

Learning agent: Agente de aprendizaje

Learning algorithm: Algoritmo de aprendizaje

Learning model: Modelo de aprendizaje

Learning program: Programa de aprendizaje

Learning system: Sistema de aprendizaje

Learning test: Prueba de aprendizaje

Legibility (readability): Legibilidad

Legitimate code: Código legítimo

Less-than symbol: Símbolo de menor que

Letter: Letra (del alfabeto)

Level saturation: Saturación de nivel

Lexeme: Lexema

Lexical disambiguation: Desambiguación léxica

Lexicon: Léxico

Librarian: Bibliotecario/a

Library: Biblioteca

Likelihood (probability): Probabilidad

Likely (probable, probably): Probable (probablemente)

Limit: Límite

Limited memory: Memoria limitada

Linear: Lineal

Linear complexity: Complejidad lineal

Linear complexity algorithm: Algoritmo de complejidad lineal

Linear regression: Regresión lineal

Linearity: Linealidad

Linguistic artificial intelligence: Inteligencia artificial lingüística

Linguistic data: Datos lingüísticos

Linguistic diversity: Diversidad lingüística

Linguistic intelligence in AI: Inteligencia lingüística en IA

Linguistic variable: Variable lingüística

Linguistics: Lingüística

Link: Enlace (vínculo)

Link analysis: Análisis de enlaces

Linked data: Datos enlazados

LISP (programming languages): LISP (lenguajes de programación

LISP machine: Máquina LISP

List: Lista

Listening comprehension: Comprensión auditiva

Listing: Listado

Literal: Literal

LLM (Large Language Model): LLM (modelo de lenguaje grande)

Load: Carga

Local access: Acceso local

Local operator: Operador local

Lock (locking, lockdown): Bloqueo

Lock file: Archivo de bloqueo

Log file : Archivo de registro

Logic: Lógica

Logic database: Base de datos lógica

Logic programming: Programación lógica

Logical: Lógico/a

Logical belief function: Función de creencia lógica

Logical sequence: Secuencia lógica

Logical unit (LU): Unidad lógica (LU)

Logistic function: Función logística

Logistic regression: Regresión logística

Long short-term memory (LSTM): Memoria a corto y largo plazo (LSTM)

Long term memory (LTM): Memoria a largo plazo

Loss function: Función de pérdida

Low-code (minimal hand-coding): Low-code (codificación manual mínima)

Lower approximation: Aproximación inferior

LSTM (Long Short-Term Memory): LSTM (memoria a corto y largo plazo)

LU (Logical Unit): LU (unidad lógica)

Luminance: Luminancia

Lyrics: Letra (de una canción)

M

M2M (Machine-to-Machine): M2M (máquina a máquina)

MAC (Message Authentication Code): MAC (código de autenticación de mensajes)

MAC code: Código MAC

Machine: Máquina

Machine ethics (machine morality, computational ethics): Ética de las máquinas (moral de las máquinas, ética computacional)

Machine intelligence: Inteligencia de máquina

Machine language: Lenguaje máquina

Machine learning (ML): Machine learning (aprendizaje automático)

Machine Learning Engineer: Ingeniero de aprendizaje automático

Machine learning system (ML system): Sistema de aprendizaje automático

Machine learning technique: Técnica de aprendizaje automático

Machine listening: Escucha automática

Machine-readable: Legible por máquina

Machine reading: Lectura mediante máquina

Machine translation: Traducción automática

Machine unlearning: Desaprendizaje automático

Machine visión (artificial visión): Visión artificial

Machine-to-Machine (M2M): Máquina a máquina (M2M)

Macroword: Macropalabra

Malicious code: Código malicioso

Management: Gestión

Manipulation: Manipulación

Manipulator: Manipulador

Man-machine hybridization: Hibridación hombre-máquina

Manager: Gestor

Map: Mapa

Marginalization: Marginalización

Marker bit: Bit marcador

Markov chain (Markov process): Cadena de Márkov (modelo de Márkov)

Markov decision process (MDP): Proceso de decisión de Márkov (MDP)

Markov random field: Campo aleatorio de Márkov

MAS (Multi-Agent System): SMA (sistema multiagente)

Massive data: Datos masivos

Math expression: Expresión matemática

Mathematical: Matemático/a (adj.)

Mathematical formulation: Formulación matemática

Mathematical induction: Inducción matemática

Mathematical logic: Lógica matemática

Mathematical model: Modelo matemático

Mathematical modeling: Modelado matemático

Mathematical optimization: Optimización matemática

Mathematical sign: Signo matemático

Mathematical symbols: Símbolos matemáticos

Mathematical theory: Teoría matemática

Mathematician: Matemático/a (sust.)

Mathematics: Matemáticas

Matrix: Matriz

Matrix addition: Suma de matrices

Matrix calculation: Cálculo matricial

Maximum value: Valor máximo

MBCS (Multibyte Character Set): MBCS (juego de caracteres multibyte)

MCTS (Monte Carlo Tree Search): MCTS (búsqueda en árboles Monte Carlo)

MDP (Markov Decision Process): MDP (proceso de decisión de Márkov)

Mean value (average value): Valor medio

Meaning: Significado

Measurable variable: Variable mensurable

Mechanical creativity (creative computing): Creatividad mecánica (informática creativa)

Mechanism design: Diseño de mecanismos

Mechatronics (mechatronics engineering): Mecatrónica (ingeniería mecatrónica)

Membership query: Consulta de pertenencia

Memory: Memoria

Mesh: Malla

Message archive: Archivo de mensaje

Message authentication code (MAC): Código de autenticación de mensajes

Meta-algorithm: Meta algoritmo

Metabolic network: Red metabólica

Metabolic network modeling: Modelado de redes metabólicas

Metaclass: Metaclase

Metadata: Metadatos

Metadata file: Archivo de metadatos

Metaheuristic: Metaheurística

Metaknowledge: Metaconocimiento

Metalearning: Metaaprendizaje

Metamodel: Metamodelo

Method: Método

Metric: Métrico/a

Metrics: Métrica/s

Minimax (MM): Minimax

Minimum value: Valor mínimo

Minus sign (-): Signo menos (-)

Mirror file: Archivo de espejo (archivo espejo)

Mirrored file: Archivo reflejado

Missing data: Datos ausentes (datos que faltan)

Missing path: Camino ausente

Misuse : Uso indebido

Mixed chaining: Encadenamiento mixto

Mixture of experts (MoE): Mezcla de expertos (MoE)

ML (Machine Learning): ML (aprendizaje automático)

MLLM (Multimodal Large Language Model): MLLM (modelo de lenguaje grande multimodal)

ML system (Machine Learning system): Sistema de aprendizaje automático

Mobile code: Código móvil

Modal logic: Lógica modal

Model: Modelo

Model architecture: Arquitectura de un modelo

Model base: Base de modelos

Model chaining: Encadenamiento de modelos

Model checking: Verificación de modelos

Model size: Tamaño del modelo

Model testing: Prueba del modelo

Model training: Entrenamiento del modelo

Modeling (modelling): Modelado

Modular: Modular

Modular robot: Robot modular

Modularity: Modularidad

Modus ponens (modus ponendo ponens): Modus ponens (modus ponendo ponens)

Modus tollens (modus tollendo tollens): Modus tollens (modus tollendo tollens)

MoE (Mixture of Experts): MoE (mezcla de expertos)

Monotonic logic: Lógica monotónica

Monte Carlo tree search (MCTS): Búsqueda en árboles Monte Carlo (MCTS)

Morpheme: Morfema

Mother tongue: Lengua materna

Multi-agent system (MAS): Sistema multiagente (SMA)

Multibyte character set (MBCS): Juego de caracteres multibyte (MBCS)

Multicast: Multidifusión

Multi-class: Multiclase

Multidimensional database: Base de datos multidimensional

Multi-hop: Multi-salto

Multi-hop reasoning: Razonamiento multi-salto□

Multilayer: Multicapa

Multilayer perceptron (MLP): Perceptrón multicapa

Multilingual: Multilingüe

Multilingual natural language processing (multilingual NLP): Procesamiento del lenguaje natural multilingüe (PLN multilingüe)

Multilingual NLP: PLN multilingüe

Multimodal: Multimodal

Multimodal language model: Modelo de lenguaje multimodal

Multimodal large language model (MLLM): Modelo de lenguaje grande multimodal (MLLM)

Multinomial coefficient: Coeficiente multinomial

Multiplication sign (x): Signo de multiplicación (x)

Multi-swarm optimization: Optimización multi-enjambre

Multitask: Multitarea

Multiverse: Multiverso

Mutation: Mutación

MYCIN (backward chaining expert system): MYCIN (sistema experto de encadenamiento hacia atrás)

N

Naive Bayes classifier: Clasificador bayesiano ingenuo

Naive semantics: Semántica ingenua

Name binding: Vinculación de nombres

Named graph: Grafo con nombre

Named-entity recognition (NER): Reconocimiento de entidades con nombre (NER)

Narrow AI (weak AI): IA estrecha (IA débil)

Narrow artificial intelligence (narrow AI): Inteligencia artificial estrecha (IA estrecha)

Natural language: Lenguaje natural

Natural language ambiguity: Ambigüedad del lenguaje natural

Natural language generation (NLG): Generación de lenguaje natural (NLG)

Natural language processing (NLP): Procesamiento del lenguaje natural (NLP)

Natural language processor: Procesador de lenguaje natural

Natural language programming: Programación en lenguaje natural

Natural language understanding (NLU): Comprensión del lenguaje natural (NLU)

Nearest neighbor: Vecino más próximo

Negation: Negación

Negative evidence: Evidencia negativa

Neighbor (neighbour): Vecino

NER (Named-Entity Recognition): NER (reconocimiento de entidades con nombre)

NeRF (Neural Radiance Fields): NeRF (campos de resplandor neuronal)

Network: Red

Network language: Lenguaje de red

Network latency: Latencia de red

Network motif: Motivo de red

Network segmentation: Segmentación de red

Neural: Neural (neuronal)

Neural artificial intelligence: Inteligencia artificial neuronal

Neural machine translation (NMT): Traducción automática neuronal (NMT)

Neural network: Red neuronal

Neural network architecture: Arquitectura de red neuronal

Neural network control: Control mediante red neuronal

Neural system: Sistema neuronal

Neural Turing machine (NTM): Máquina de Turing neuronal (MTN)

Neurocomputing: Neuroinformática

Neurocybernetics: Neurocibernética

Neuro-fuzzy: Neuroborroso (neurodifuso)

Neuromorphic engineering: Ingeniería neuromórfica

Neuron: Neurona

Neuron layer: Capa de neuronas

Neuronics: Neurónica

Neuroscience: Neurociencia

NLG (Natural Language Generation): NLG (generación de lenguaje natural)

NLP (Natural Language Processing): NLP (procesamiento del lenguaje natural)

NLU (Natural Language Understanding): NLU (comprensión del lenguaje natural)

NMT (Neural Machine Translation): NMT (traducción automática neuronal)

NTM (Neural Turing machine): MTN (Máquina de Turing Neuronal)

No-code (no-code solution): No-code (solución sin código)

Node: Nodo

Noise: Ruido

Noisy point: Punto con ruido

Non-deterministic algorithm: Algoritmo no determinista

Non-deterministic model: Modelo no determinista

Non-monotonic logic: Lógica no monotónica

Non-terminal symbol: Símbolo no terminal

Non-textual data: Datos no textuales

Non-user code: Código que no es de usuario

Normal distribution (Gaussian distribution): Distribución normal (distribución de Gauss)

Normalization: Normalización

Nouvelle AI (Nouvelle artificial intelligence): Nouvelle IA (Nouvelle inteligencia artificial)

NP (nondeterministic polynomial time): NP (tiempo polinómico no determinista)

NP-completeness: NP-completo

NP-hardness (NP-hard): NP-hard (NP-complejo, NP-difícil)

NTM (Neural Turing Machine): MTN (máquina de Turing neuronal)

Nuclear energy: Energía nuclear

Nuclear physics: Física nuclear

Null: Nulo/a

Null distribution: Distribución nula

Null hypothesis: Hipótesis nula

Null value: Valor nulo

Number: Número

Number theory: Teoría de números

Numeric value: Valor numérico

O

Object: Objeto

Object access: Acceso a objetos

Object code: Código objeto

Object detection: Detección de objetos

Object tree: Árbol de objetos

Object-oriented language: Lenguaje orientado a objetos

Object-oriented programming: Programación orientada a objetos

Observability: Observabilidad

Occam's algorithm: Algoritmo de Occam

Occam's razor: Navaja de Occam

Offline: Fuera de línea

Offline learning: Aprendizaje fuera de línea

Offline training: Formación fuera de línea

Offspring (descendants): Descendencia

OI (Organoid Intelligence): IO (Inteligencia Organoide)

OMCS (Open Mind Common Sense): OMCS (Open Mind Common Sense)

Online: En línea

Online machine learning: Aprendizaje automático en línea

Online training: Formación en línea

Ontology: Ontología

Ontology learning: Aprendizaje ontológico

Open data: Datos abiertos

Open source: Código abierto

OpenAI (organization that developed ChatGPT): OpenAI (organización que desarrolló ChatGPT)

OpenCog (open-source advanced software framework): OpenCog (sistema avanzado de software de código abierto)

Open-source software: Software de código abierto

Open-source software library: Biblioteca de software de código abierto

Operand: Operando

Operating system: Sistema operativo

Operation: Operación

Operational definition: Definición operativa

Operator: Operador

Opinion mining: Minería de opiniones (análisis de opiniones)

Optimal assignment: Asignación óptima

Optimization: Optimización

Ordered set: Conjunto ordenado

Organoid intelligence (OI): Inteligencia organoide (IO)

Orthogonal: Ortogonal

Orthogonal vector: Vector ortogonal

Orthogonality: Ortogonalidad

Orthographic projection: Proyección ortográfica

Orthography (spelling): Ortografía

Orthonormal vectors: Vectores ortonormales

Out-of-sample error: Error fuera de muestra

Output: Salida

Output argument: Argumento de salida

Output data: Datos de salida

Output file: Archivo de salida

Overall solution: Solución global

Over-fitted model: Modelo sobreajustado

Overfitting: Sobreajuste

Overlap: Solapamiento

Overlay: Recubrimiento

Overtraining: Sobreentrenamiento

P

P2P (Peer-to-Peer): P2P (punto a punto)

Pair: Par

Pairing: Emparejamiento

Palindrome: Palíndromo

Paradigm: Paradigma

Paradox: Paradoja

Parallel search: Búsqueda en paralelo

Parameter: Parámetro

Parameter-efficient fine-tuning (PEFT): Ajuste fino eficiente de parámetros (PEFT)

Paraphrase: Paráfrasis

Parent: Padre

Parent file: Archivo padre

Parser: Analizador sintáctico

Partial order reduction: Reducción de orden parcial

Partially observable Markov decision process (POMDP): Proceso de decisión de Markov observable parcialmente (POMDP)

Partially ordered set: Conjunto parcialmente ordenado

Particle swarm optimization (PSO): Optimización por enjambre de partículas (PSO)

Partitioned network: Red particionada

Path: Camino (ruta)

Pathfinding (pathing): Búsqueda de ruta

Pattern: Patrón

Pattern recognition: Reconocimiento de patrones

PCA (Principal Component Analysis): ACP (Análisis de Componentes Principales)

Peer-to-Peer (P2P): Punto a punto (P2P)

PEFT (Parameter-Efficient Fine-Tuning): PEFT (ajuste fino eficiente de parámetros)

Penalty: Penalización

Perceptron: Perceptrón

Performance: Rendimiento

Performance measure: Medida de rendimiento

Personal computer (PC): Ordenador personal (computadora personal, PC, equipo)

Personal data: Datos personales

Personal data processing: Procesamiento de datos personales

Personal virtual assistant: Asistente virtual personal

Philological: Filológico/a

Philologist: Filólogo/a

Philology: Filología

Phoneme: Fonema

Phonetic similarity: Similitud fonética

Phonetic spelling: Ortografía fonética

Phonetic transcription: Transcripción fonética

Phonetics: Fonética

Physical symbol: Símbolo físico

Physical symbol system: Sistema de símbolos físicos

Physics: Física

Planner: Planificador

Planning: Planificación

Plot: Trazado

Plus sign (+): Signo más (+)

Pocket computer: Ordenador de bolsillo

Point (dot): Punto

Pointer : Puntero

Point-to-point control: Control punto a punto

Poisoning: Envenenamiento

Polarity: Polaridad

Polymorphic code: Código polimórfico

POMDP (Partially Observable Markov Decision Process): POMDP (proceso de decisión de Markov observable parcialmente)

Possibilistic: Posibilista

Power: Potencia (poder)

PP (Probabilistic Programming): PP (Programación Probabilística)

Precision: Precisión

Predicate: Predicado

Predicate calculus: Cálculo de predicados

Predicate logic: Lógica predicativa

Predicting algorithm: Algoritmo de predicción

Prediction: Predicción

Prediction generator: Generador de predicciones

Prediction method: Método de predicción

Predictive: Predictivo/a

Predictive analytics: Analítica predictiva

Predictive coding: Codificación predictiva

Predictive model: Modelo predictivo

Predictive modeling: Modelado predictivo

Predictive value: Valor predictivo

Predictor: Predictor

Prejudice: Prejuicio (sesgo)

Prerequisite: Prerrequisito (requisito previo)

Prescriptive analytics: Análisis prescriptivo (analítica prescriptiva)

Pre-training: Preentrenamiento

Prime number: Número primo

Principal component analysis (PCA): Análisis de componentes principales (ACP)

Principle: Principio (fundamento)

Principle of rationality: Principio de racionalidad

Privacy: Privacidad

Private blockchain: Cadena de bloques privada

Private key algorithm: Algoritmo de clave privada

Private URL: URL privada (dirección URL privada)

Privileged users: Usuarios con privilegios

Probabilistic model: Modelo probabilístico

Probabilistic neural network: Red neuronal probabilística

Probabilistic programming (PP): Programación probabilística (PP)

Probabilistic reasoning: Razonamiento probabilístico

Probability: Probabilidad

Probability assessment: Valoración de probabilidad

Probability calculus: Cálculo de probabilidades

Probability distribution: Distribución de probabilidad

Probability theory: Teoría de probabilidades

Probability tree: Árbol de probabilidades

Probable (likely): Probable

Probable candidate: Candidato probable

Problem: Problema

Problem solver: Solucionador de problemas

Problem solving: Resolución de problemas

Process: Proceso

Process image: Imagen del proceso

Processing: Procesamiento

Processor: Procesador

Production system: Sistema de producción

Profile: Perfil

Profiling: Creación de perfiles

Program (programme): Programa

Programmable automaton: Autómata programable

Programmable manipulator: Manipulador programable

Programmer: Programador/a

Programming: Programación

Programming engine: Motor de programación

Programming language: Lenguaje de programación

Programming language theory: Teoría de lenguajes de programación

Projection: Proyección

Prolog (logic programming language): Prolog (lenguaje de programación lógico)

Prompt: Prompt (entrada, instrucción, solicitud)

Prompt engineer: Ingeniero de prompts

Prompt engineering: Ingeniería de prompts (ingeniería de instrucciones)

Prompt tuning: Ajuste de instrucciones

Propagation: Propagación

Property: Propiedad

Proposition: Proposición

Propositional calculus: Cálculo de proposiones

Proprietary data: Datos propietarios

Prosody: Prosodia

Prospective data analysis: Análisis de datos prospectivo

Protected access: Acceso protegido

Prototype: Prototipo

Prototype vector: Vector prototipo

Proximity sensor: Sensor de proximidad

Proxy: Proxy

Proxy code: Código proxy

Pruning: Poda

Pseudonymization: Pseudonimización (seudonimización)

PSO (Particle Swarm Optimization): PSO (optimización por enjambre de partículas)

Psychology: Psicología

Public blockchain: Cadena de bloques pública

Public key algorithm: Algoritmo de clave pública

Pure mathematics: Matemáticas puras

Python (high-level programming language): Python (lenguaje de programación de alto nivel)

PyTorch (machine learning library): PyTorch (biblioteca de aprendizaje automático)

Q

Q-learning (reinforcement learning algorithm): Q-learning (algoritmo de aprendizaje por refuerzo)

QML (Quantum Machine Learning): QML (aprendizaje automático cuántico)

QR code: Código QR

Quadratic surface: Superficie cuadrática

Qualification problem: Problema de cualificación

Qualitative variable: Variable cualitativa

Quantifier: Cuantificador

Quantitative variable: Variable cuantitativa

Quantum algorithm: Algoritmo cuántico

Quantum chemistry: Química cuántica

Quantum computer: Ordenador cuántico

Quantum computing: Computación cuántica (informática cuántica)

Quantum machine learning (QML): Aprendizaje automático cuántico (QML)

Quantum physics: Física cuántica

Quasi-random: Cuasialeatorio

Query: Consulta

Query history: Historial de consultas

Query Language: Lenguaje de consulta

Question: Pregunta

Question-answer: Pregunta-respuesta

Queue: Cola

Queue latency: Latencia de cola

R

R (programming language): R (lenguaje de programación)

R&D (Research and Development): I+D (Investigación y Desarrollo)

R&D&I (Research and Development and Innovation): I+D+I (Investigación, Desarrollo e Innovación)

Radial basis function network: Red funcional de base radial

Radial plot: Trazado radial

RAG (Retrieval Augmented Generation): RAG (generación mejorada por recuperación)

RAI (Responsible Artificial Intelligence): RAI (inteligencia artificial responsable)

Random: Aleatorio/a

Random access: Acceso aleatorio

Random field: Campo aleatorio

Random file: Archivo aleatorio

Random forest: Bosque aleatorio

Random sampling: Muestreo aleatorio

Random subsampling: Submuestreo aleatorio

Random variable: Variable aleatoria

Randomization: Aleatorización

Randomized: Aleatorizado/a

RAP (Rogue Access Point): RAP (punto de acceso no autorizado)

Rational: Racional

Rational action: Acción racional

Rational coefficient: Coeficiente racional

Rationality: Racionalidad

Rationality principle: Principio de racionalidad

Raw data: Datos brutos (datos sin procesar)

RBM (Restricted Boltzmann Machine): RBM (máquina de Boltzmann restringida)

RDF (Resource Description Framework): RDF (marco de descripción de recursos)

Reactivity: Reactividad

Read-only: Solo lectura

Read-only access: Acceso de solo lectura

Read timeout: Tiempo de espera de lectura

Readability (legibility): Legibilidad

Readable: Legible

Readable format: Formato legible

Readable text: Texto legible

Reading: Lectura

Reading comprehension: Comprensión lectora

Reading machine: Máquina de lectura

Real time: Tiempo real (en tiempo real)

Real world: Mundo real

Realistic data: Datos realistas

Real-time data system: Sistema de datos en tiempo real

Real-time translation: Traducción en tiempo real

Real-time translator: Traductor en tiempo real

Reasoner (reasoning engine, rules engine): Razonador

Reasoning: Razonamiento

Reasoning steps: Pasos de razonamiento

Reasoning system: Sistema de razonamiento

Recognition: Reconocimiento

Recognition network: Red de reconocimiento

Recombination: Recombinación

Reconstructive memory: Memoria reconstructiva

Recurrent network: Red recurrente

Recurrent neural network (RNN): Red neuronal recurrente (RNN)

Recurrent prompts: Prompts recurrentes

Recursive formula: Fórmula recursiva

Recursive path: Camino recursivo

Recursive prompting: Instrucciones recursivas

Redirect URL: URL de redireccionamiento

Redundancy: Redundancia

Redundant: Redundante

Redundant code: Código redundante

Reflexive property: Propiedad reflexiva

Registry file: Archivo del registro

Regression: Regresión

Regression analysis: Análisis de regresión

Regression method: Método de regresión

Regression similarity learning: Aprendizaje por similitud de regresión

Regression task: Tarea de regresión

Regular expression: Expresión regular

Regularities: Regularidades

Regularization: Regularización

Reinforcement learning (RL): Aprendizaje por refuerzo (RL)

Reinforcement learning from human feedback (RLHF): Aprendizaje por refuerzo a partir de la retroalimentación humana (RLHF)

Reinforcement learning model: Modelo de aprendizaje por refuerzo

Relational graph: Grafo relacional

Relative error: Error relativo

Relative value: Valor relativo

Relearning: Reaprendizaje

Remote: Remoto/a

Remote access: Acceso remoto

Representation: Representación

Representation learning: Aprendizaje de representación

Resampling: Remuestreo

Rescue file: Archivo de rescate

Research: Investigación

Research and development (R&D): Investigación y desarrollo (I+D)

Research and development and innovation (R&D&I): Investigación, desarrollo e innovación (I+D+I)

Residual standard error (RSE): Error estándar residual (RSE)

Residual sum of squares (RSS): Suma residual de cuadrados (RSS)

Reskilling: Reskilling (reciclaje de la mano de obra)

Resolution: Resolución

Resonance: Resonancia

Resonance restriction: Restricción de resonancia

Resource description framework (RDF): Marco de descripción de recursos (RDF)

Response: Respuesta

Response time: Tiempo de respuesta

Responsible AI: IA responsable

Restricted access: Acceso restringido

Restricted Boltzmann machine (RBM): Máquina de Boltzmann restringida (RBM)

Restricted user: Usuario con restricciones

Restriction (constraint): Restricción

Restriction strategy: Estrategia de restricción

Result (outcome): Resultado

Result code: Código de resultado

RETE algorithm: Algoritmo RETE (algoritmo de correspondencia RETE)

Retraining: Reentrenamiento

Retrieval: Recuperación

Retrieval augmented generation (RAG): Generación mejorada por recuperación (RAG)

Return pointer: Puntero de retorno

Reverse translation: Traducción inversa

Reward: Recompensa

Reward mechanism: Mecanismo de recompensa

Rewriting system: Sistema de reescritura

Risk: Riesgo

RL (Reinforcement Learning): RL (aprendizaje por refuerzo)

RLHF (Reinforcement Learning from Human Feedback): RLHF (aprendizaje por refuerzo a partir de la retroalimentación humana)

RNN (Recurrent Neural Network): RNN (red neuronal recurrente)

Robot: Robot

Robot system: Sistema autómata

Robotic: Robótico/a

Robotic system: Sistema robótico

Robotics: Robótica

Robotics engineer: Ingeniero de robótica

Robotization (robotisation, automation): Robotización

Robotized: Robotizado/a

Robust: Robusto/a

Robustness: Robustez

Rogue access point (RAP): Punto de acceso no autorizado (RAP)

Root file: Archivo raíz

Rote learning: Aprendizaje memorístico

RSE (Residual Standard Error): RSE (error estándar residual)

RSS (Residual Sum of Squares): RSS (suma residual de cuadrados)

Rule: Regla

Rule base: Base de reglas

Rule set: Conjunto de reglas

Rule-base expert system: Sistema experto basado en reglas

Rule-based programming: Programación basada en reglas

Rule-based system: Sistema basado en reglas

Runtime: Tiempo de ejecución

Runtime versión: Versión en tiempo de ejecución

S

SaaS (Software as a Service): SaaS (software como un servicio)

Sample: Muestra

Sample file: Archivo de muestra

Sampler: Muestreador

Sampling: Muestreo

Sampling error: Error de muestreo

SAT (Boolean satisfiability problem): SAT (problema de satisfacibilidad booleana)

Satisfaction: Satisfacción

Satisfiability: Satisfacibilidad

Saturation: Saturación

SBCS (Single-Byte Character Set): SBCS (juego de caracteres de byte único)

Scalability: Escalabilidad

Scalable: Escalable

Scalar: Escalar

Scalar expression: Expresión escalar

Scale: Escala

Scaling: Escalado

Scheme: Esquema

Science: Ciencia

Scientific research: Investigación científica

Score: Puntuación

Script file: Archivo de script

SDL (Sparse Dictionary Learning): SDL (aprendizaje por diccionarios dispersos)

Search: Búsqueda

Search algorithm: Algoritmo de búsqueda

Search engine: Motor de búsqueda

Searchable: Consultable (investigable)

Searchable database: Base de datos consultable

Secret key: Clave secreta

Secret key algorithm: Algoritmo de clave secreta

Secure multiparty computation: Computación multipartita segura

Security zone: Zona de seguridad

Seed: Semilla (inicialización)

Segmentation: Segmentación

Selection: Selección

Self-driving car (driverless car, robotic car): Coche sin conductor (coche autónomo)

Self-learning: Autoaprendizaje

Self-learning AI: IA de autoaprendizaje

Self-management: Autogestión

Self-stabilization: Autoestabilización

Semantic analysis: Análisis semántico

Semantic grammar: Gramática semántica

Semantic memory: Memoria semántica

Semantic network: Red semántica

Semantic query: Consulta semántica

Semantic reasoner: Razonador semántico

Semantics: Semántica

Semi-supervised learning: Aprendizaje semisupervisado

Sense of words: Sentido de las palabras

Sensitive: Sensible

Sensitivity: Sensibilidad

Sensor: Sensor

Sensor fusión: Fusión de sensores

Sentiment analysis: Análisis de sentimientos

Separation logic: Lógica de separación

Sequence: Secuencia

Sequence modeling: Modelado de secuencias

Sequential access: Acceso secuencial

Sequential data: Datos secuenciales

Sequential file: Archivo secuencial

Series: Serie/s

Set: Conjunto

Set comparator: Comparador de conjuntos

Setup: Configuración (instalación, preparación)

Setup time: Tiempo de preparación (tiempo de instalación)

SGD (Stochastic Gradient Descent): SGD (descenso de gradiente estocástico)

Short term memory: Memoria a corto plazo

Sign: Signo

Signature file: Archivo de firma (archivo de signatura)

Signification (significance): Significación

Similar : Similar (parecido/a)

Similarity: Similitud

Similarity learning: Aprendizaje por similitud

Simulation: Simulación

Simultaneous translation: Traducción simultánea

Single-byte character set (SBCS): Juego de caracteres de byte único (SBCS)

Single-key algorithm: Algoritmo de clave simple

Singularity: Singularidad

Situated approach: Enfoque situado

Situation calculus: Cálculo de situaciones

Size: Tamaño

Sketch (outline): Boceto

Skill: Aptitud (habilidad)

Smallest value: Valor más pequeño

Software: Software

Software agent: Agente de software

Software engineering: Ingeniería de software

Software identification code: Código de identificación de software

Soliton : Solitón

Soliton theory: Teoría de solitones

Solution: Solución

Source: Fuente (origen)

Source code: Código fuente

Source file: Archivo de origen

Sparse data problem: Problema de datos dispersos

Sparse dictionary learning (sparse coding, SDL): Aprendizaje por diccionarios dispersos (codificación dispersa, SDL)

Spatial–temporal reasoning: Razonamiento espacial-temporal

Speech: Habla

Speech patterns: Patrones del habla

Speech processing: Procesamiento del habla

Speech recognition: Reconocimiento del habla

Speech understanding: Compresión del habla

Speech-pattern recognition: Reconocimiento de patrones del habla

Speech-to-speech (STS): Voz a voz (STS)

Speech-to-text (STT): Voz a texto (STT)

Spell check (spell checking): Corrección ortográfica (revision ortográfica)

Spellchecker: Corrector ortográfico

Spelling mistake: Error ortográfico

Spiking neural network (SNN): Red neuronal de impulsos

Spoken language: Lenguaje hablado

Spoofed user: Usuario con identidad suplantada

Spreadsheet: Hoja de cálculo

Stable diffusion: Difusión estable

Stacking: Apilamiento

Stacking order: Orden de apilamiento

Standard: Estándar

Standard deviation (SD): Desviación estándar

Standard error (SE): Error estándar

Standard normal table: Tabla de distribución normal estándar

Standardization: Estandarización

Standardized format: Formato estandarizado

Startup folder: Carpeta de inicio

State: Estado

State machine: Máquina de estados

Statistical: Estadístico/a

Statistical classification: Clasificación estadística

Statistical computing (computational statistics): Computación estadística (estadística computacional)

Statistical data: Datos estadísticos

Statistical learning theory: Teoría del aprendizaje estadístico

Statistical model: Modelo estadístico

Statistical relational learning: Aprendizaje relacional estadístico

Statistical variable: Variable estadística

Statistics: Estadística

Status code: Código de estado

Stochastic: Estocástico/a

Stochastic gradient descent (SGD): Descenso de gradiente estocástico (SGD)

Stochastic optimization (SO): Optimización estocástica

Stochastic parrot: Loro estocástico

Stochastic recurrent neural network: Red neuronal recurrente estocástica

Stochastic semantic analysis: Análisis semántico-estocástico

Stop bit: Bit de parada

Storage: Almacenamiento

Stored program: Programa almacenado

Strategic knowledge: Conocimiento estratégico

Strategy: Estrategia

String: Serie (cadena)

String (character string): Serie de caracteres (cadena de caracteres)

Strong AI (general AI): IA fuerte

Strong algorithm: Algoritmo fuerte

Strong learner: Modelo fuerte

Structure: Estructura

Structured data: Datos estructurados

Structured database: Base de datos estructurada

Structured universe: Universo estructurado

STS (Speech-To-Speech): STS (voz a voz)

STT (Speech-To-Text): STT (voz a texto)

Subfield: Subcampo

Subject-matter expert (SME): Experto/a en la materia

Subsampling: Submuestreo

Subspace: Subespacio

Substrate: Sustrato

Subtree: Subárbol

Subtype: Subtipo

Subword: Subpalabra

Sum (addition): Suma

Summarization (summary): Resumen

Summarizer: Resumidor

Summation: Sumatorio/a (suma)

Supercomputer: Superodenador (supercomputadora)

Superintelligence: Superinteligencia

Superoperator: Superoperador

Supertype: Supertipo

Supervised learning: Aprendizaje supervisado

Supervised learning algorithm: Algoritmo de aprendizaje supervisado

Support: Soporte

Support vector machine (SVM): Máquina de vectores de soporte (SVM)

Surface: Superficie

SVM (Support Vector Machine): SVM (máquina de vectores de soporte)

Swap file: Archivo de intercambio

Swarm: Enjambre

Swarm intelligence (SI): Inteligencia de enjambre

Syllogism: Silogismo

Symbol: Símbolo

Symbolic: Simbólico/a

Symbolic artificial intelligence: Inteligencia artificial simbólica

Symbolic programming: Programación simbólica

Symbolic reasoning: Razonamiento simbólico

Symmetric algorithm: Algoritmo simétrico

Synapse: Sinapsis

Synaptic: Sináptico

Synaptic substrate: Sustrato sináptico

Synaptic weight: Ponderación sináptica

Syntactic analysis (parsing) Análisis sintáctico

Syntax: Sintaxis

Syntax tree: Árbol sintáctico

Synthesis: Síntesis

Synthesized voice: Voz sintetizada

Synthetic intelligence: Inteligencia sintética (SI)

System: Sistema

Systems neuroscience: Neurociencia de sistemas

T

Table: Tabla

Tail: Cola

Tail strategy: Estrategia de colas

TAP (Terminal Access Point): TAP (punto de acceso de terminal)

Target: Objetivo (destino)

Target file: Archivo de destino

Task: Tarea

Task-oriented Language: Lenguaje orientado a tareas

Tautology: Tautología

Taxonomy: Taxonomía

TCS (Theoretical Computer Science): TCS (ciencia computacional teórica)

Technique: Técnica

Technological growth: Crecimiento tecnológico

Technological singularity: Singularidad tecnológica

Technology: Tecnología

Telematic: Telemático/a

Telematics: Telemática

Template: Plantilla

Temporal difference (TD) learning: Aprendizaje por diferencias temporales (DT)

Temporary file: Archivo temporal

Temporary folder: Carpeta temporal

Tensor network theory: Teoría de redes de tensores

TensorFlow (open-source platform for machine learning): TensorFlow (plataforma de código abierto para el aprendizaje automático)

Terminal access point (TAP): Punto de acceso de terminal (TAP)

Terminal symbol: Símbolo terminal

Test (testing): Prueba

Test file: Archivo de prueba

Test set: Conjunto de prueba

Testing data: Datos de prueba

Testing data set: Conjunto de datos de prueba

Text: Texto

Text analysis: Análisis de textos

Text file: Archivo de texto

Text input: Entrada de texto

Text output: Salida de texto

Text summarization: Resumen de textos

Text synthesis: Síntesis de texto

Text-to-speech (TTS): Texto a voz (TTS)

Textual data: Datos textuales

Theorem: Teorema

Theorem prover: Demostrador de teoremas

Theorem proving: Demostración de teoremas

Theoretical: Teórico/a

Theoretical computer science (TCS): Ciencia computacional teórica (ciencia informática teórica, TCS)

Theoretical neuroscience: Neurociencia teórica

Theoretical probability: Probabilidad teórica

Theory: Teoría

Theory network: Red de teorías

Theory of computation: Teoría de la computación (teoría de la informática)

Thinking (thought): Pensamiento

Third-party code: Código de terceros

Thompson sampling: Muestreo de Thompson

Thought: Pensamiento

Threshold: Umbral

Threshold function: Función umbral

Threshold value: Valor umbral

Time alignment: Alineación temporal

Time complexity: Complejidad temporal

Time elapsed: Tiempo transcurrido

Time series: Series temporales

Time zone: Zona horaria

Time zone identification code: Código de identificación de zona horaria

Timeout: Tiempo de espera

To add: Sumar

To analyze (to analise): Analizar

To analyze data: Analizar datos

To authenticate: Autenticar

To authorize (to authorise): Autorizar

To chat: Chatear

To code (to encode): Codificar

To collect: Recopilar

To collect data: Recopilar datos

To compile: Compilar

To compute: Computar (calcular)

To correlate: Correlacionar

To decode: Decodificar (descodificar)

To deduce: Deducir

To define: Definir

To demonstrate (to prove, to show): Demostrar

To deploy: Desplegar

To design: Diseñar

To develop: Desarrollar

To download: Descargar (bajar)

To encrypt: Cifrar

To enter data: Entrar datos (introducir datos)

To estimate: Estimar

To evaluate (to assess, to rate): Evaluar

To expand: Expandir (ampliar)

To extract: Extraer

To extract data: Extraer datos

To extract information: Extraer información

To generate: Generar

To infer: Inferir

To inherit: Heredar

To interpret: Interpretar

To learn: Aprender

To link: Enlazar (vincular)

To list: Listar (enumerar)

To lock: Bloquear

To mimic (to imitate): Imitar

To model: Modelar

To optimize (to optimise): Optimizar

To overlap: Solapar

To overtrain: Sobreentrenar

To pair (to match): Emparejar

To plot: Trazar

To process: Procesar

To process data: Procesar datos

To propagate: Propagar

To randomize (to randomise): Aleatorizar

To read: Leer

To research: Investigar

To retrain: Reentrenar

To retrieve: Recuperar

To score: Puntuar

To search: Buscar

To solve problems: Solucionar problemas

To store: Almacenar

To summarize: Resumir

To summarize texts: Resumir textos

To teach: Enseñar

To think: Pensar

To train: Entrenar

To transcribe: Transcribir

To tune (to tune in): Sintonizar

To understand: Comprender

To unlearn: Desaprender

To upload: Cargar (subir)

To warp: Distorsionar

To weight: Ponderar

To write: Escribir

Token (basic unit of text: an entire word or parts of a word): Token (unidad más pequeña en la que se puede dividir una palabra o frase)

Tokenization: Tokenización

Tool: Herramienta

Top-bottom: Descendente

Trace: Seguimiento (rastreo, traza)

Trace file: Archivo de seguimiento

Tracking: Seguimiento

Tracking code: Código de seguimiento

Training: Entrenamiento

Training approach: Enfoque de entrenamiento

Training data: Datos de entrenamiento

Training dataset: Conjunto de datos de entrenamiento

Training phase : Fase de entrenamiento

Training set: Conjunto de entrenamiento

Transcription: Transcripción

Transcriptor: Transcriptor

Transduction: Transducción

Transfer grammar: Gramática de transferencia

Transfer learning: Aprendizaje por transferencia

Transformer: Transformador (transformer)

Transhumanism: Transhumanismo (H+, h+)

Transition map: Mapa de transiciones

Transition system: Sistema de transición

Translation: Traducción (conversión)

Translation system: Sistema de traducción

Translator: Traductor

Tree: Árbol

Tree search: Búsqueda en árbol

Tree structure (tree diagram): Estructura de árbol (diagrama de árbol, esquema en árbol)

Tree traversal: Recorrido de árbol

Tree view: Vista de árbol

Trend: Tendencia

Trivial: Trivial

Triviality: Trivialidad

Trivialization: Trivialización

Trouble list: Lista de problemas

True: Verdadero/a

True quantified Boolean formula: Fórmula booleana cuantificada verdadera

True value: Valor verdadero

Trust: Confianza

Trust level: Nivel de confianza

Trust list: Lista de confianza

Trusted execution environment: Entorno de ejecución de confianza

Truth: Verdad

TTS (Text-To-Speech): TTS (texto a voz)

Tuning: Ajuste (sintonización)

Turing machine: Máquina de Turing

Turing test: Test de Turing (prueba de Turing)

Tutorial: Tutorial (guía de aprendizaje)

Type I error: Error de tipo I

Type II error: Error de tipo II

Type system: Sistema de tipos

U

Unary: Unario/a

Unary operator: Operador unario

Unauthorized user: Usuario no autorizado

Uncertain reasoning: Razonamiento incierto

Uncertainty: Incertidumbre

Uncertainty propagation: Propagación de incertidumbre

Uncertainty sampling: Muestreo de incertidumbre

Unclassified error: Error sin clasificar

Under-fitted model: Modelo subajustado

Underfitting: Subajuste

Understandable: Comprensible

Understanding: Comprensión

Unethical: Poco ético/a (no ético/a, inmoral, deshonesto/a)

Unethical behavior: Comportamiento poco ético

Unethical content: Contenido poco ético

Unethical practices: Prácticas deshonestas

Ungrammatical: No gramatical

Unicast: Unidifusión

Unicity: Unicidad

Unicity point: Punto de unicidad

Unicode character set: Juego de caracteres Unicode

Unidirectional network: Red unidireccional

Unification: Unificación

Unifier: Unificador

Uniform distribution: Distribución uniforme

Uniform resource locator (URL): Localizador uniforme de recursos (URL)

Union: Unión

Unit: Unidad

Unit vector: Vector unitario

Unitary: Unitario

Unitary operator: Operador unitario

Universal quantifier: Cuantificador universal

Universal serial bus (USB): Bus serie universal (USB)

Universal Turing machine (UTM): Máquina universal de Turing (UTM)

Universe: Universo

Unlabeled data: Datos no etiquetados

Unlearning: Desaprendizaje

Unmanned: No tripulado/a

Unmanned vehicle: Vehículo no tripulado

Unprotected access: Acceso no protegido

Unrestricted access: Acceso no restringido (acceso sin restricciones)

Unrestricted algorithm: Algoritmo no restringido

Unstructured data: Datos no estructurados

Unsupervised learning: Aprendizaje no supervisado

Unsupervised learning algorithm: Algoritmo de aprendizaje no supervisado

Unweighted rule: Regla no ponderada

Update (updating): Actualización

Upload: Carga (subida)

Upload folder: Carpeta de carga

Upper approximation: Aproximación superior

URL (Uniform Resource Locator): URL (localizador uniforme de recursos)

Usage: Uso (utilización)

USB (Universal Serial Bus): USB (bus serie universal)

Use case: Caso de uso

User: Usuario/a

User application: Aplicación de usuario

User code: Código de usuario

User identification code: Código de identificación de usuario

User interface: Interfaz de usuario

User profile: Perfil de usuario

User prompts: Solicitudes de usuario

Utility: Utilidad

UTM (Universal Turing machine): UTM (máquina universal de Turing)

Utterance (statement): Enunciado

V

Vague logic: Lógica imprecisa

Validation: Validación

Validation data: Datos de validación

Validation set: Conjunto de validación

Value: Valor

Variability: Variabilidad

Variable: Variable

Variance: Varianza

Variation: Variación

Vault: Bóveda

Vector: Vector

Vector optimization: Optimización vectorial

Vector sum: Suma vectorial

Vectorial: Vectorial

Version: Versión

View: Vista

View synthesis: Síntesis de vistas

Violation: Infracción (violación, vulneración)

Violation code: Código de infracción

Virtual: Virtual

Virtual assistant: Asistente virtual

Virtual attribute: Atributo virtual

Virtual company: Empresa virtual

Virtual reality: Realidad virtual

Virus: Virus

Virus detection: Detección de virus

Virus signature file: Archivo de firmas de virus

Visibility: Visibilidad

Vision: Visión

Vision processing unit (VPU): Unidad de tratamiento de visión (VPU)

Vision recognition: Reconocimiento de visión

Vision system: Sistema de visión

Visualization (view, display): Visualización

Visualizer: Visualizador

Vocabulary: Vocabulario

Voice: Asistente de voz

Voice assistant: Asistente de voz

Voice generator: Generador de voz

Voice input: Entrada de voz

Voice processing: Procesamiento de voz

Voice recognition: Reconocimiento de voz

Voice synthesis: Síntesis de voz

Voice synthesizer: Sintetizador de voz

Voice-operated: Activado/a por voz

Voxel: Vóxel

VPU (Vision Processing Unit): VPU (unidad de tratamiento de visión)

W

Warehouse: Almacén

Warping: Distorsión

Watson (IBM's AI platform): Watson (plataforma de IA de IBM)

Weak: Débil

Weak AI (moderate AI, narrow AI): IA débil (IA moderada)

Weak artificial intelligence: Inteligencia artificial débil

Weak learner: Modelo débil (modelo base)

Weak method: Método débil

Weakness: Debilidad

Weak-to-strong generalization: Generalización de débil a fuerte

Web site (website): Sitio web

Weight (weighting): Peso (ponderación)

Weighted rule: Regla ponderada

Window: Ventana

Window list: Lista de ventanas

Windowing: Ventanización

Wisdom: Sabiduría

Word: Palabra

Word coding: Codificación de palabras

Word decoding: Decodificación de palabras

Word embedding: Word embedding (encaje léxico)

Word recognition: Reconocimiento de palabras

Word string: Cadena de palabras

Wordlist (word list): Lista de palabras

Workflow: Flujo de trabajo

Workload: Carga de trabajo

Worksheet: Hoja de trabajo (hoja de cálculo)

Workspace: Espacio de trabajo

Write (writing): Escritura

Write-only: Solo escritura

Write-only access: Acceso de solo escritura

Write timeout: Tiempo de espera de escritura

Written language: Lenguaje escrito

X

XAI (Explainable AI): XAI (IA explicable)

XGBoost (eXtreme Gradient Boosting): XGBoost (eXtreme Gradient Boosting)

Y

Youper (AI software): Youper (software de IA)

Z

Zero grammar: Gramática cero

Zero to one: De cero a uno

Zero-shot learning (ZSL): Aprendizaje de disparo cero (aprendizaje de entrenamiento cero)

Zero-to-one problem: Problema de cero a uno

Zipped file: Archivo comprimido

Zombie computer: Ordenador zombi

Zone: Zona

ZSL (Zero-Shot Learning): ZSL (aprendizaje de disparo cero, aprendizaje de entrenamiento cero)

www.ingramcontent.com/pod-product-compliance
Lightning Source LLC
La Vergne TN
LVHW052100060326
832903LV00060B/2443